QUÉBEC/AMÉRIQUE • JEUNESSE

COLLECTION

CLiP

Dirigée par Anne-Marie Aubin

LA COULEUR NOUVELLE

Du même auteur

Pour les adultes

Les Contes de l'ombre, recueil de contes fantastiques, éditions Sélect, 1979.

Légendes du vieux manoir, recueil de contes fantastiques, éditions Sélect, 1979.

Le Vieil Homme et l'espace, recueil de nouvelles de science-fiction, éditions Le Préambule, 1981.

Les Méandres du temps, roman de science-fiction, éditions Le Préambule, 1983.

Quand vient la nuit, recueil de contes fantastiques, éditions Le Préambule, 1983.

Aurores boréales 2, anthologie de science-fiction, éditions Le Préambule, 1985.

Nuits blêmes, recueil de nouvelles fantastiques, XYZ Éditeur, 1990.

Boulevard des Étoiles, recueil de nouvelles de science-fiction, Publications Ianus, 1991.

Boulevard des Étoiles 2: À la Recherche de Monsieur Goodtheim, recueil de nouvelles de science-fiction, Publications Ianus, 1991.

Chronoreg, roman de science-fiction, Éditions Québec/Amérique, 1992.

Pour les adolescents

Organisation Argus, roman de science-fiction, éditions Paulines, 1979.

Le Trésor du «Scorpion», roman fantastique, éditions Paulines, 1980.

L'Épée Arhapal, roman fantastique, éditions Paulines, 1981.

La Cité inconnue, roman fantastique, éditions Paulines, 1982.

Argus intervient, roman de science-fiction, éditions Paulines, 1983.

Le Cercle violet, roman fantastique, éditions Pierre Tisseyre, 1984.

Les envoûtements, roman fantastique, éditions Paulines, 1985.

Argus: mission mille, roman de science-fiction, éditions Paulines, 1988.

La Nef dans les nuages, roman fantastique, éditions Paulines, 1989.

Quatre destins, récits fantastiques, éditions Paulines, 1990.

Le Cercle de Khaleb, roman fantastique, éditions Héritage, 1991.

Les Rêves d'Argus, roman de science-fiction, éditions Paulines, 1991.

Ludovic, roman fantastique, éditions Héritage, 1992.

«La fourgonnette psychédélique», nouvelle fantastique dans le collectif ***Par Chemins inventés***, Éditions Québec/Amérique, 1992.

Les Portes mystérieuses, récits fantastiques, éditions Héritage, 1993.

Pour les enfants

Jardins sous la pluie, récit, éditions Graficor, 1988.

La Fresque aux trois démons, récit fantastique, éditions Hurtubise HMH, 1991.

La Magicienne Bleue, roman, éditions Pierre Tisseyre, 1991.

LA COULEUR NOUVELLE

9

NOUVELLES FANTASTIQUES
PAR **DANIEL SERNINE**

ÉDITIONS QUÉBEC/AMÉRIQUE

425, rue Saint-Jean-Baptiste,
Montréal, Québec H2Y 2Z7
(514) 393-1450

Cet ouvrage a été publié grâce à une subvention du Conseil des Arts du Canada.

Données de catalogage avant publication (Canada)

Sernine, Daniel
La Couleur nouvelle: récits fantastiques

(Collection Clip ; 9)
Pour adolescents.
ISBN 2-89037-629-X
I. Titre. II. Collection.

PS8587.E77C68 1993 jC843'.54 C93-096179-X
PS9587.E77C68 1993
PZ23.S47Co 1993

Dépôt légal:
1er trimestre 1993
Bibliothèque nationale du Québec
Bibliothèque nationale du Canada

Montage: Julie Dubuc

Table des matières

Les nouvelles suivantes sont des versions abrégées de textes déjà parus dans le recueil ***Les Contes de l'ombre*** (1979):

«La maison de l'éternelle vieillesse»
«La tour du silence»
«Derrière le miroir» (réécrite)
«Brève histoire de Gonzague Préjudice»

Les nouvelles suivantes sont des versions remaniées de textes déjà parus dans ***Les Contes de l'ombre***:

«La couleur nouvelle»
«Le signe rouge du destin»
«Le canal»
«Ceux qui peuplent le ciel»

«Une douleur nouvelle», texte inédit, a été écrit en février 1992.

La couleur nouvelle

Ce soir-là, dans le train, Hervé Thénard s'ennuyait. Beaucoup. Depuis quelques mois, c'est assez régulièrement qu'il faisait ce trajet d'une cinquantaine de kilomètres, mais jamais il n'avait ressenti aussi profondément la monotonie du voyage et, d'ailleurs, celle de sa propre existence. Si Thénard se sentait particulièrement morose ce soir-là, c'était sans doute dû à la conjonction de plusieurs facteurs. L'automne avançait, et il faisait nuit déjà. Le trajet n'offrait donc aucun intérêt car, par la fenêtre, on ne voyait rien du paysage superbe, la plaine un peu vallonnée, verdoyante, avec ses petits villages échelonnés le long de la rivière.

La nuit était pluvieuse, avec un vent glacial. Dans le train, l'air vous glaçait, humide, tout à fait inconfortable. Il faisait ressortir l'odeur fade des sièges. Pour la première fois, Thénard remarquait combien les couleurs des cloisons, du plafond et des banquettes étaient ternes, sous l'éclairage lugubre du wagon.

Le bruit des roues sur les rails scandait le silence avec une régularité de métronome, régularité qui n'avait d'égale que celle présidant aux allées et venues d'un steward silencieux, maussade.

Thénard se trouvait presque seul dans le wagon, et les autres voyageurs devaient se morfondre autant que lui car aucune conversation ne venait meubler le silence.

Pourtant nullement porté à la neurasthénie, il se prit à comparer la monotonie de ce voyage à l'absurdité de sa vie. Il se voyait dans une gare, voyageur se retrouvant là sans savoir pourquoi ni comment. Il prenait un train, ignorant où il allait, sans d'ailleurs avoir eu le désir d'y monter. Et, dans ce train à l'atmosphère si déprimante, il se prenait à souhaiter un déraillement qui viendrait mettre fin à cet ennui.

Ses pensées ayant acquis une noirceur inusitée, troublante pour lui qui n'était pas porté à la philosophie, Thénard ne fut pas fâché de voir une femme venir s'asseoir devant lui, après une brève halte dans une gare de village.

Pourquoi avait-elle choisi cette banquette face à lui alors qu'il y en avait tant d'autres de vides dans le train? Mystère... C'était une femme vieille, vêtue de gris sombre, sans élégance. Elle portait une voilette qui dissimulait entièrement les traits de son visage.

Finalement, c'était un bien mince désennui que l'arrivée de cette femme. Muette, immobile comme une statue... Thénard avait l'impression très désagréable qu'elle le fixait, avec un regard d'autant plus troublant qu'il ne voyait pas ses yeux. Et tandis qu'elle l'observait, ses idées noires de tout à l'heure s'appesantissaient sur lui tel un manteau mouillé qui, peu à peu, devenait insupportable.

L'homme songeait à se lever et à aller se promener, pour échapper à ce sentiment. Mais c'est elle qui se leva et s'en fut, sans un mot. Thénard la suivit des yeux tandis qu'elle s'éloignait dans l'allée centrale. Quand elle atteignit la porte à l'extrémité du wagon, elle se retourna et il vit qu'elle avait écarté sa voilette.

Elle n'avait pas de visage.

Il eut l'impression d'un vide, d'une effroyable absence de traits.

Mais non. Elle avait une bouche, un nez, des yeux. Toutefois ce visage blanc, lisse tel celui d'une statue de cire, était absolument dénué d'expression. Un masque, figé et inerte. Dans ce masque, des yeux d'une pâleur terrible, à l'iris gris très clair, à la pupille presque inexistante. Des yeux d'aveugle, des yeux de statue, d'une fixité effroyable. Et pourtant ils voyaient tout, perçant Thénard jusqu'à son âme, le glaçant d'angoisse.

Cela ne dura qu'une seconde. La femme disparut dans le wagon suivant et Thénard aurait pu croire qu'il avait rêvé. Un instant il observa la porte par où elle était sortie, puis il ramena son regard au siège qu'elle venait de quitter.

Il bondit, avec un cri de surprise apeurée. Là, sur la banquette, à la place qu'avait occupée la femme, se trouvait une sphère lisse, de la taille d'une orange. Ce qu'elle avait d'épouvantable, c'est qu'elle n'était d'aucune couleur connue. Elle était d'une couleur nouvelle.

Thénard sentit une brusque suée glacer son corps. Il ne douta pas que, s'il en avait eu encore, ses cheveux se seraient hérissés.

Une couleur n'ayant jamais existé jusque-là. Ne pouvant absolument pas, par quelque effort de l'intelligence, être comparée à une couleur existante. Une couleur apparentée à rien, une fausse note dans la gamme limitée des ondes électromagnétiques perceptibles à l'œil.

Une couleur nouvelle, impossible à situer par rapport à l'expérience humaine.

Après un instant de terreur absolue, Thénard pensa qu'il pouvait être sujet à un mirage. Il tenta de s'en convaincre, mais n'y réussit pas. En bonne santé, équilibré, complètement dépourvu d'imagination, il était improbable que Thénard fût sujet à une hallucination. D'ailleurs, tout le reste était réel: la pluie sur les vitres, les banquettes dans le wagon mal éclairé, le bruit des roues sur les rails, rien n'avait changé. Si, pourtant: il ne restait plus personne dans la voiture. Sans doute les quatre ou cinq passagers de tout à l'heure étaient-ils descendus à la dernière station. Personne donc, pour venir au secours de Thénard en niant l'existence de cette sphère, ou en lui disant qu'elle était bleue, mauve, très ordinaire.

L'esprit de Thénard se bloquait, une douleur anguleuse dans son crâne, ses joues brûlaient comme s'il avait reçu des gifles.

Il se retrouva debout dans l'allée, chancelant, s'accrochant aux banquettes tel un ivrogne, mais les yeux rivés sur la sphère.

La sphère bougea.

Il hurla, courut affolé vers l'extrémité du wagon. L'air glacé du dehors le fouetta lorsqu'il ouvrit la portière.

Il se retourna. Il ne pouvait plus voir la sphère, restée sur la banquette. Peut-être même n'avait-elle pas bougé?

Mais apparemment, elle ne voulait pas que Thénard doute de son existence: une lueur monta graduellement de l'endroit où le petit globe se trouvait. Elle avait la même teinte impossible.

Les yeux fous, Thénard inspira avec un son rauque, le son même de la terreur. Il sauta du train en marche.

Dans la nuit opaque, le bruit du train décrut, fit place à un silence que troublait seulement la pluie sur le feuillage, à cet endroit où le chemin de fer traversait un bois. Râlant, son corps disloqué, incapable de bouger, Hervé Thénard mit neuf heures à mourir dans les buissons bordant la voie ferrée.

Son corps décomposé ne fut trouvé que plusieurs semaines après, et il était d'une drôle de couleur.

La maison
de l'éternelle vieillesse

Les hommes qui asservissent le temps
en ne permettant pas aux veilles
d'être différentes des lendemains
sont plus forts que la mort.
(Jean Ray, *Le grand Nocturne*)

Ce matin-là, Thomas Beaumarchais, artiste-peintre, se mit en quête de vieilles maisons à reproduire sur toile. Il découvrit, aux limites de la ville, une très ancienne demeure, étonnamment bien conservée. Il s'y connaissait un peu en architecture, néanmoins il ne put déterminer avec précision l'époque et le style. Il la trouva belle, bien que plutôt austère.

La maison était isolée de la route par un vaste parc entouré d'un mur de pierre. Dressée au centre d'une belle pelouse, elle était grande et comportait deux étages. Elle avait un toit en pente avec des pignons, et une petite tour carrée à l'angle de la façade. Un large perron surplombé par un auvent donnait accès à la porte à double battant surmontée d'une imposte en éventail. Les fenêtres étaient munies de volets dont plusieurs étaient fermés. La résidence était construite en pierre, portes et fenêtres peintes en vert. L'ensemble avait un aspect sombre et sévère.

Mais ce qui frappa surtout Thomas, ce fut l'état de conservation de cette maison probablement bicentenaire. Nulle part la peinture ne semblait s'écailler, les bardeaux du toit paraissaient neufs et le bois des balcons ne semblait pas pourri.

Un homme petit, âgé, voûté, apparut sur la pelouse. Apercevant Beaumarchais, il vint lui demander ce qu'il voulait. L'artiste répondit qu'il désirait peindre la maison. L'homme fit preuve de beaucoup de réticence mais il finit par ouvrir la grille, radouci par le charme sympathique de Thomas et par le billet de banque qu'il mit au creux de sa main.

Thomas entra donc dans le parc, choisit minutieusement sa perspective, installa son chevalet et commença un croquis, tout cela pendant que le jardinier l'épiait par la fenêtre du petit pavillon qu'il habitait au fond de la propriété.

La maison était habitée, bien que l'artiste en fût venu à en douter, tant l'endroit était calme. À travers les rideaux de certaines fenêtres, il put distinguer confusément, à deux ou trois reprises, les mouvements de gens qui circulaient à l'intérieur. Cependant Thomas s'étonna, en cette journée de printemps exceptionnellement douce, de ne voir personne sortir pour prendre l'air.

Vers la fin de l'après-midi, le ciel commença à se couvrir et l'éclairage s'appauvrit. Le peintre décida d'ajourner son travail. Au moment où il s'apprêtait à partir, le vieux concierge le rejoignit et alla lui ouvrir la grille. Curieux des habitants de la maison, Thomas se mit à bavarder avec son guide. Mais il n'en obtint que des banalités. Il était au service de cette maison depuis plus de vingt ans, il avait pour fonctions l'entretien et la surveillance de la propriété. Mais Oscar Sevestre, car tel était son nom, parlait plus volontiers de son fils Félix – et cela n'intéressait pas Thomas.

L'ayant gratifié d'un nouveau pourboire pour sa courtoisie, Thomas invita la gardien à boire un coup à l'auberge sise un peu plus haut sur la route. Il insista si bien, et avec tant de bonne humeur, que l'employé accepta l'invitation.

À l'auberge, Thomas l'émécha à point, puis se mit à le questionner adroitement. Après un certain temps, Sevestre sembla vouloir se confier. Mais il tournait autour du pot, et il fallut quelques degrés supplémentaires d'alcool pour qu'il se décide à raconter – de façon incohérente – le mystère de cette ancienne demeure.

Jamais un kilo de provisions n'était entré dans cette maison depuis vingt et un ans que le gardien y était employé. Comment se chauffaient, s'éclairaient, s'habillaient, et surtout se nourrissaient les habitants de cette demeure, le mystère était entier. Si on éliminait la magie et la sorcellerie, il ne restait qu'à envisager l'hypothèse farfelue d'un passage secret par où ces gens s'approvisionnaient, comme des assiégés au temps des châteaux forts.

Et qui étaient-ils, les mystérieux habitants de cette résidence? Jamais en vingt et un ans le concierge n'avait vu quelqu'un sortir de cette maison, fût-ce seulement pour faire une promenade dans le parc. Des décennies d'une claustration absolue.

Sevestre n'avait vu de près qu'un seul des habitants de cette demeure: une vieille dame qui venait chaque jour jeter un coup d'œil à travers l'une des fenêtres du rez-de-chaussée. Or, depuis vingt et un ans, la même vieille dame venait regarder par la fenêtre, toujours exactement à la même heure. Depuis vingt et un ans elle ne semblait pas avoir vieilli et portait la même robe du temps jadis. Depuis vingt et un ans elle posait toujours les mêmes gestes: elle s'approchait de la fenêtre, écartait les rideaux, promenait un regard atone sur le parc tout en parlant à quelqu'un assis derrière elle dans la maison, puis laissait retomber les rideaux en s'éloignant de la fenêtre. Depuis vingt et un ans, devant sa fenêtre, cette vieille femme portait à sa bouche un doigt où, d'une piqûre qu'elle s'était faite sans doute en cousant, perlait une goutte de sang...

Il y avait longtemps que le concierge avait renoncé à comprendre et cessé d'observer l'apparition de la vieille dame à sa fenêtre. Il ignorait qui remplissait ses fonctions avant son engagement, mais il supposait que les mêmes faits extraordinaires se déroulaient auparavant. Ainsi, c'était peut-être depuis plusieurs dizaines d'années, un siècle, qui sait, que personne n'avait livré de provisions à cette maison, que personne n'était sorti, que la vieille dame apparaissait à la fenêtre...

Quand il eut terminé ces révélations, Sevestre s'enfonça dans un mutisme prolongé. Il n'en sortit que pour supplier son confident de ne rien révéler à quiconque au sujet de cette demeure. Il regrettait manifestement d'avoir dévoilé ce secret. Quittant l'auberge, il s'en fut d'un pas incertain.

Thomas, ayant dîné à l'hôtel, retourna à la vieille maison au crépuscule, se posta devant la grille et observa longuement la façade. Le gardien, faisant sa ronde, l'aperçut et lui cria de s'en aller, de ne plus revenir. Il semblait contrarié et même effrayé d'avoir fait tant de révélations à ce jeune inconnu. Puis il disparut derrière la maison, le dos voûté par ses soucis, imaginaires ou réels.

Ce soir-là, Thomas resta longtemps pensif devant l'esquisse qu'il avait faite de la demeure. Quel était son secret? Il n'avait vu personne en sortir, par cette douce journée de printemps; fait inusité, certes, mais mystérieux? Quant à l'histoire racontée par le concierge ivre, que fallait-il en croire?

• • •

Le lendemain, Thomas se posta sur le bord de la route, en face de la vieille maison, et observa de rares signes de vie. Il fut témoin de la scène que lui avait décrite le concierge la veille: une femme au costume très démodé apparut à une fenêtre du rez-de-chaussée et elle porta effectivement le doigt à ses lèvres, comme on fait lorsqu'on vient de se blesser. Sevestre n'avait donc pas menti à ce sujet. Restait à savoir si, comme il l'affirmait, cette scène se reproduisait chaque jour.

Après le déjeuner, le concierge sortit de la propriété et, refermant la grille derrière lui, partit en voiture vers la ville, sans doute pour faire ses provisions. Il ne vit pas Thomas, qui s'était retiré derrière un buisson. L'artiste profita de son absence pour pénétrer dans le parc et aller coller son visage aux fenêtres de la maison. Mais les rideaux étaient trop épais, il ne put distinguer que de vagues silhouettes se mouvant dans les pièces. On ne sembla pas avoir remarqué son intrusion.

Sa curiosité excitée pour de bon, il décida de s'introduire le soir même dans cette demeure où l'on vivait cloîtré.

• • •

Lorsque Thomas arriva à la vieille maison, le ciel commençait à s'obscurcir. Ayant sauté le mur de la propriété, qui n'était pas très haut, il se dissimula derrière une haie et observa la demeure à travers les branchages encore dégarnis. Tout était tranquille et il ne distingua que de vagues lueurs derrière les rideaux de certaines fenêtres.

N'ayant pas toujours bénéficié du mécénat de sa tante riche, Thomas avait autrefois connu des jours sombres où il avait fréquenté des gens peu recommandables. De cette époque il gardait des talents qui lui permirent de crocheter l'antique serrure de la porte arrière.

Il se trouva au bout d'un couloir chichement éclairé. Quelques portes se découpaient à droite et à gauche, soulignées par des rais de lumière jaune. Il entrouvrit précautionneusement celle de gauche. C'était la cuisine. Tournant le dos à la porte, une vieille femme, une domestique peut-être, lavait la vaisselle du souper.

Appréhendant d'être pris tel un malfaiteur, le visiteur entrebâilla une autre porte à droite. Un miroir fixé au mur lui renvoya l'image de quatre vieilles dames jouant aux cartes. Elles étaient toutes vêtues à la mode du début du siècle. Thomas referma cette porte et en entrouvrit une troisième un peu plus loin, qui lui révéla une salle à manger déserte.

La nervosité de Thomas s'accroissait à chaque instant: il suffisait que quelqu'un surgisse dans le corridor pour que c'en soit fait de lui. À droite se trouvait un escalier; au bout du couloir, la porte d'entrée; de chaque côté de l'entrée, une arche. En face du foyer, un vieux couple était assis dans un sofa. Meubles vieillots, tapisseries aux motifs fanés, vieilles toiles aux murs, bibelots désuets...

Thomas se tourna vers l'autre arche. Il y avait là un boudoir qui n'était pas éclairé. Au fond, une porte était entrouverte. Il traversa la pièce et regarda par l'entrebâillement. C'était une bibliothèque. Assis de part et d'autre d'une petite table, deux vieillards jouaient aux échecs en silence, observés par un jeune homme roux aux favoris et aux moustaches flamboyantes, debout près d'eux. Plus loin, assis à une table sur laquelle il avait posé son livre, un vieillard lisait. Tout cela n'avait rien de bien extraordinaire. À un détail près, un détail d'importance: tous ces gens étaient vêtus comme au début du siècle. Seul le jeune homme roux suivait une autre mode, mais elle datait de quinze ou vingt ans et détonnait d'autant plus dans cette maison meublée et décorée comme un musée. On ne s'y éclairait qu'à la chandelle et à l'huile!

Thomas s'éloigna pour sortir du boudoir. Alors l'épouvante commença. Il se trouva nez à nez avec un vieillard qui entrait, suivi d'une vieille femme. Thomas resta pétrifié et son cœur s'arrêta un instant. Mais le vieil homme continua et alluma une lampe près d'un fauteuil où la dame alla s'asseoir. Elle se mit à tricoter, tandis que son compagnon s'installait en face d'elle.

Thomas vit cela comme dans un rêve, tous muscles crispés, tous nerfs tendus. Le vieillard, lorsqu'il était entré, était à deux pas de Thomas et lui faisait face. Maintenant, c'était la vieille femme qui lui faisait face. *Or ni l'un ni l'autre ne semblaient le voir!*

Et pourtant ils n'étaient pas aveugles: l'homme avait facilement allumé la lampe, craquant l'allumette du premier coup, enflammant la mèche en une seconde, replaçant le globe sans tâtonner; et la dame tricotait avec dextérité. Leurs regards vifs étaient passés sur l'intrus sans qu'ils ne remarquent sa présence. En un éclair de folie, le jeune homme comprit qu'il n'existait pas pour eux, qu'il leur était en quelque sorte invisible.

Thomas s'élança dans le hall et se précipita vers la porte, qu'il ouvrit. Avant de fuir dans la nuit, il tourna la tête une dernière fois. Une femme, la domestique aperçue dans la cuisine, arrivait vers le fuyard. Elle souriait un peu et regardait devant elle, *sans voir Thomas*.

Sautant les quelques marches du perron, le jeune homme courut jusqu'au mur de la propriété, qu'il franchit presque d'un bond. Il rentra chez lui trempé de sueur, ayant couru une bonne partie du trajet. Il délira un certain temps, mais finit par se ressaisir.

Ce n'était plus un mystère, c'était de la démence! Les vieillards laissaient un intrus rôder chez eux. Comme si Thomas avait été invisible ou inexistant.

Longtemps la raison de Thomas chancela, prête à sombrer. Puis le sommeil vint enfin, court et agité.

• • •

Le lendemain matin, Sevestre refusa longtemps de répondre aux coups de sonnette de Thomas, à la grille de la propriété. Mais, devant l'obstination de l'artiste, il consentit enfin à sortir de sa maisonnette et à venir lui répondre.

Il affecta de lui parler comme à un inconnu et refusa de lui donner des renseignements supplémentaires. Le jeune homme dut payer de sa patience et de ses deniers pour finir par apprendre que le gardien était rétribué par un notaire responsable de la gestion de la propriété. Obtenir le nom et l'adresse du notaire fut un autre tour de force, aussi ardu et coûteux.

Le concierge semblait redouter que Beaumarchais n'aille provoquer quelque chose de fâcheux, quelque bouleversement dans la vie strictement réglée des habitants de ce domaine. Comme si cet artiste trop curieux allait mettre à nu un mystère dont il se sentait complice. Toutefois Sevestre était cupide, et l'argent de Thomas vint finalement à bout de ses réticences. Mais il le prévint qu'une quinzaine d'années auparavant, un autre jeune homme s'était intéressé à cette mystérieuse maison et que, depuis, on ne l'avait plus revu. Thomas pensa à l'homme roux qu'il avait vu dans la maison, le seul en ces lieux à ne pas être un vieillard. Mais ce ne pouvait être de lui que parlait le concierge: quinze ans plus tôt, le rouquin ne devait avoir que huit ou dix ans.

Avant de quitter la propriété, Thomas aperçut une fois de plus la vieille dame qui apparaissait à une fenêtre du rez-de-chaussée. Il constata qu'elle exécutait les mêmes gestes que le jour précédent et, consultant sa montre, il vit que cela se passait à la même heure. Sevestre vit Thomas faire cette constatation et hocha gravement la tête, l'air de dire «vous voyez bien que je ne vous racontais pas d'histoires».

Thomas s'en alla, le front soucieux, dépassé par tout cela.

• • •

Domicilié à la haute ville, le notaire Sambleu avait son étude chez lui. On y accédait par un petit escalier sur le côté de sa maison. Thomas se présenta comme un historien effectuant des recherches sur le patrimoine architectural de la région.

Maître Sambleu se montra très réticent à parler de cette maison. Il raconta que ses résidents étaient des vieillards qui désiraient vivre complètement isolés du monde moderne. Ils s'étaient enfermés dans leur passé, vivaient comme au temps de leur jeunesse, et ne voulaient absolument pas être dérangés.

Cela expliquait la désuétude de l'ameublement et de la décoration de la maison, ainsi que les costumes antiques de ses habitants. Mais il y avait à ce mystère beaucoup plus que ce que le notaire en disait: il y avait des gens qui, sans être aveugles, ne percevaient pas la présence d'un intrus chez eux. Il y avait cette dame qui apparaissait chaque jour à la fenêtre et qui portait la même blessure au doigt depuis toujours. Et il y avait le fait que jamais cette maison n'était approvisionnée en victuailles, en combustible, rien depuis des années.

Thomas n'en apprit pas davantage du notaire Sambleu, qui le congédia sans trop d'aménité.

Au risque de perdre la raison, et malgré tout son être qui se révoltait à la perspective de revivre cette terreur, Thomas décida de retourner ce soir-là dans la demeure mystérieuse. Il lui fallait s'assurer que ce qui était survenu était bien la réalité. Au fond de lui-même, cependant, il espérait que tout cela n'ait été qu'hallucinations.

Il ne parla à personne de son enquête.

• • •

Journal de Thomas Beaumarchais

Jeudi 26 avril. Je suis arrivé à cette mystérieuse maison vers dix-huit heures et je suis entré comme hier par la porte de derrière. J'ai décidé de vérifier immédiatement mon expérience d'hier soir. Justement, j'entendais des pas descendre l'escalier. Je me suis planté au centre du couloir et j'ai attendu, crispé tel un condamné qui attend l'exécution. Un vieux couple est apparu. J'ai eu un sursaut et l'épouvante m'a étranglé un instant: je leur faisais face et ils se sont dirigés vers la salle à manger sans me prêter attention.

Je les ai suivis. Il y avait autour de la table, avec les deux que je venais de rencontrer, cinq vieillards et six vieilles dames, âgés de soixante à quatre-vingt-dix ans. C'était une situation hallucinante: comme si j'assistais à une pièce de théâtre sur la scène même, parmi les acteurs, sans pourtant que ceux-ci me voient.

Servis par la vieille domestique, ils se sont mis à manger, devisant entre eux. Peu après le début du repas, l'homme aux cheveux roux est entré, venant de la cuisine. Est-ce celui dont Sevestre m'a parlé ce matin? Ses vêtements datent d'une quinzaine d'années, oui, mais il n'a manifestement pas trente ans; il n'était qu'un gamin à l'époque dont Sevestre a parlé.

Ce qu'il a fait durant le repas m'a laissé perplexe. Il apportait avec lui, sur un plateau, un couvert: assiettes, ustensiles, verre. Il a approché une chaise du bout de la table. Pour chaque mets, il attendait que chacun soit servi, puis il passait derrière les convives et prenait dans l'assiette de chacun soit une cuillerée de soupe, soit un morceau de viande, soit un légume. Les vieillards ne réagissaient pas à cette façon qu'il avait de se nourrir à leur assiette: ils ne le voyaient pas, pas plus qu'ils ne me voyaient, moi. Cela doit avoir une signification particulière. Je devrai m'intéresser de plus près à ce rouquin.

Le repas terminé, chacun s'est retiré tandis que la servante desservait la table et lavait la vaisselle. Dans la salle de séjour, un vieux s'est assis avec sa vieille face au feu qui brûlait dans la cheminée. Dans la bibliothèque, deux vieillards ont repris leur partie d'échecs et un autre s'est remis à lire; c'étaient les mêmes qu'hier soir. Dans la salle voisine, les quatre vieilles dames ont à nouveau entamé une partie de cartes. Décidément, ces gens ont l'imagination limitée en ce qui concerne les loisirs; l'habitude, sans doute. Dans le boudoir, la vieille dame s'est remise à tricoter et le vieillard à lui tenir compagnie. Tous ces gens portaient les mêmes vêtements qu'hier, pour autant que je puisse en juger.

Le rouquin a lui aussi fait le tour des salles, s'intéressant aux activités de chacun.

La servante a remplacé à la table de cartes une vieille dame qui est allée se coucher. Je l'ai suivie à l'étage supérieur. Il y a là six chambres, meublées et décorées de façon vieillotte comme le reste de la demeure. Vers dix heures, tous les autres résidents sont montés se coucher. Seul le jeune homme ne s'est pas mis au lit. Dans la salle de séjour, il a tiré une petite valise de sous un fauteuil. Il en a extrait de quoi écrire, s'est assis et s'est mis au travail. J'étais dans la salle à manger et ne pouvais lire ses notes.

Soudain mon œil a perçu par la fenêtre la lueur d'une lampe. C'était le gardien qui passait sur la galerie en faisant sa ronde. Il a dirigé sa lumière vers la pièce, à travers les rideaux translucides. Je me suis baissé derrière la table massive jusqu'à ce qu'il soit passé. Quand j'ai à nouveau regardé dans le salon, le jeune homme avait fini d'écrire. Il s'est déshabillé et, après avoir éteint le chandelier, s'est étendu sur un canapé pour dormir.

N'ayant plus rien à voir, je suis sorti, après que Sevestre eut terminé sa ronde. Comment expliquer ce qui se passe là-bas? Devant ce mystère qui défie la raison, une angoisse terrible m'envahit. J'ai décidé de passer la fin de semaine dans cette maison, pour tenter de percer son énigme.

• • •

Vendredi 27 avril. Arrivé comme hier à l'heure du souper, je me suis remis à observer les résidents. Ils ont eu le même menu qu'hier et le rouquin s'est servi de la même façon dans les assiettes des convives. Déjà j'assistais à ce repas comme un habitué de la maison et je suivais la vie des habitants sans jamais les déranger.

Après le souper, les mêmes personnes se sont retrouvées aux mêmes endroits que la veille et le jour précédent. Dans la salle de séjour, le vieux couple s'est assis en face du foyer et a poursuivi la conversation d'hier. Dans la bibliothèque, les deux vieillards ont repris leur partie d'échecs et le troisième s'est mis à lire le même livre qu'hier. Dans la salle voisine, les quatre dames ont commencé le même jeu que la veille. Dans le boudoir, la tricoteuse s'est remise à son châle ponceau et le vieillard lui a tenu compagnie, l'entretenant des mêmes choses qu'hier.

Quant au jeune homme, il a parcouru les salles à nouveau, s'intéressant comme moi aux activités de chacun. Lorsque tout le monde s'est couché, j'ai exploré la maison plus en détail. Puis je suis revenu à la salle de séjour, au moment où le rouquin se couchait. J'aurais voulu voir ce qu'il avait écrit dans son cahier. Tant pis, je le lirai demain. Je vais me coucher sur un canapé, dans le boudoir.

Une idée, une idée démente, m'a traversé l'esprit, engendrée par l'observation de certains détails. Je saurai demain si cette idée concorde avec la réalité. J'entends mener cette enquête de façon rationnelle, malgré tout ce que la situation a d'irrationnel.

Samedi 28 avril. J'ai vécu la journée des résidents. Il m'est inutile de rapporter ici leurs activités. Elles ont été tranquilles et sans intérêt: jeux de société, billard, dames, dentelle et broderie, bavardage.

Mais ce soir... Ce soir m'a apporté la confirmation de ce que j'imaginais hier. Le souper s'est déroulé de la même manière que les soirs précédents: le menu était pareil, les mêmes personnes ont laissé une certaine quantité de restes dans leur assiette, les sujets de conversation n'ont pas varié et les paroles prononcées semblaient identiques. Le jeune homme s'est servi auprès des convives dans le même ordre que les autres soirs. J'ai procédé comme lui pour me nourrir.

Et puis ils ont quitté la table. La servante a lavé la vaisselle dans la cuisine. Le couple âgé s'est assis en face du foyer; ils ont eu les mêmes propos que les autres soirs. Dans la bibliothèque, les deux joueurs d'échecs ont repris leur partie, exécutant les mêmes mouvements dans la même séquence que la veille. L'autre vieillard s'est remis à lire son livre, aux mêmes pages qu'hier. Dans la salle voisine, les quatre dames ont commencé le même jeu que la veille et elles avaient chacune les mêmes cartes. Dans le boudoir, la tricoteuse s'est remise à son châle ponceau, reprenant l'ouvrage de la veille comme une toile de Pénélope.

Quant au jeune homme, il a parcouru les salles à nouveau dans le même ordre que les autres soirs, passant le même temps dans chaque pièce. Lorsque tout le monde s'est couché, j'ai à nouveau visité la maison, quoique sans raison précise car elle ne recèle rien d'autre qui soit digne d'intérêt. Puis je suis revenu à la salle de séjour au moment où le rouquin se couchait. J'aurais voulu voir ce qu'il écrivait dans son cahier. J'ai oublié ce matin d'étudier ses notes.

Je vais me coucher sur un canapé, dans le boudoir, même si je ne suis pas fatigué.

L'hypothèse qui a germé dans mon esprit hier soir s'est donc vérifiée. Le mystère se précise, mais il devient d'autant plus fantastique et inexplicable. Je ne suis pas encore en mesure de tirer des conclusions. On dirait que l'anxiété ralentit ma faculté de raisonner. Ceci est tellement démentiel que quiconque serait dépassé comme je le suis. Demain j'aurai une certitude absolue, sur laquelle il me faudra élaborer.

Dimanche 29 avril. J'ai revécu la journée des résidents. Il m'est inutile de rapporter ici leurs activités. Elles ont été tranquilles et sans intérêt...

J'ai vérifié ma constatation d'hier soir: les mêmes repas, les mêmes activités, les mêmes attitudes, les mêmes paroles sont répétées, d'un jour à l'autre, exactement aux mêmes moments.

C'est ainsi qu'une vieille dame brodant au boudoir se lève chaque jour à dix heures cinq pour jeter un coup d'œil par la fenêtre. Ce faisant elle se pique un doigt avec une aiguille et le porte à ses lèvres. Puis, adressant quelques mots à une autre dame assise dans la pièce, elle referme les rideaux et retourne à son ouvrage. Tous les gestes des résidents sont minutieusement répétés, quotidiennement, et ce depuis des décennies s'il faut en croire Sevestre.

Tard le soir, lorsque tout le monde s'est couché, je suis resté dans la salle de séjour pour lire ce que le rouquin écrivait dans son cahier. Il y fait les mêmes constatations que moi.

Et je ne puis que conclure, comme lui, que tous ces gens sont enfermés dans une routine absolue, minutieusement répétée chaque jour comme les mouvements d'une horloge. Pourquoi? Et surtout, comment? Par quel prodige? Je ne suis pas encore en mesure de trouver une réponse. Il est vrai que les aberrations en cette demeure ne créent pas une atmosphère propice à la réflexion.

Je vais me coucher sur un canapé, dans le boudoir.

Lundi 30 avril. J'ai revécu la journée des résidents. Il m'est inutile de rapporter ici leurs activités...

Mais pourquoi allais-je écrire tout cela à nouveau? Je regarde les pages précédentes de mon journal et je constate que, depuis quelques jours, je répète les mêmes observations.

Aujourd'hui j'ai enfin compris le terrible mystère de cette maison. J'ai compris que, pour échapper à la mort qui les talonnait, ces vieillards se sont volontairement enfermés dans une routine absolue. Ils se sont isolés hors du temps en figeant pour l'éternité une journée dans cette demeure, une journée vécue au début du siècle et répétée quotidiennement depuis lors. Comment? Par quelle magie ou par quelle science ces gens ont-ils défié et vaincu les lois du Temps et du Destin? Je ne puis entrevoir fût-ce l'ombre d'une explication.

Mais cela éclaircit pourquoi personne ne sort de cette maison, et pourquoi il n'y entre jamais de provisions. Dans la journée originelle, personne n'est sorti de la maison: personne n'en sort dans la suite des jours répétés. Et les provisions de la journée originelle se renouvellent chaque jour: victuailles, huile pour les lampes et bois de chauffage, tout renaît chaque jour et rien ne s'use dans cette demeure. Cela explique aussi pourquoi ces gens ne me voient pas, ni ne voient le rouquin. Il n'y eut aucun visiteur dans la journée originelle; tout intrus est donc absent à leur monde, à leur temps, et donc invisible pour eux.

Bien qu'ayant tous ces éléments en main, il m'a fallu trois jours pour comprendre cela, tant mon cerveau était affecté par ces aberrations.

Et maintenant un doute épouvantable m'assaille. Je viens de comprendre une autre évidence, qui pourtant me béait au visage depuis quelques jours. Cet homme roux, qui tient un journal, est bien sûr un visiteur. Comme moi il enquête sur le comportement des résidents de cette maison. Il a aussi découvert le mystère et l'a consigné dans son journal; il a un visage soucieux, même angoissé. Lui qui répète chaque jour exactement les mêmes gestes, il s'est lui aussi emprisonné dans cette routine qu'il observait. D'après Sevestre, ce rouquin serait arrivé ici il y a quinze ans.

Mais alors... Moi qui constatais tout à l'heure que je récrivais dans mon journal les mêmes observations depuis quelques jours, et quasi exactement dans les mêmes termes... J'ai presque perdu la notion de temps et je me répète.

C'est affreux! Suis-je prisonnier? Il me faut sortir au plus vite! Je m'enlise... Le sommeil me gagne, lourd, inexorable: c'est que j'ai dépassé l'heure habituelle de mon coucher. «Habituelle!» Une habitude de quelques jours et qui pourtant a la force des siècles. Lutter contre le sommeil...

Si je m'endors, la routine gagnera sur moi durant la nuit. Et demain, et à jamais, je revivrai cette journée. Cette journée qui chaque fois se terminera dans l'angoisse et le désespoir.

Je dois sortir de cette

Lundi 30 avril. J'ai revécu la journée des résidents. Il m'est inutile de rapporter...

Lundi 30 avril. J'ai revécu la journée...

Lundi 30 avril. J'ai revécu...

Le signe rouge du destin

La pièce était plongée dans l'ombre; seule une lampe à huile au globe de verre coloré éclairait l'ameublement pauvre et baroque. La décoration était de mauvais goût; il y figurait des objets aussi lugubres qu'un crâne humain et une belette empaillée, aux crocs minuscules et tranchants. De part et d'autre d'une petite table étaient assises deux personnes. Agathe, diseuse de bonne aventure, chiromancienne, astrologue, cartomancienne et experte du tarot, était une vieille Amérindienne qu'on disait sorcière. Âgée d'au moins soixante-dix ans, elle avait une tête maigre aux os saillants, coiffée d'un châle d'où s'échappaient quelques mèches grises. Ses yeux, sous des paupières lourdes, semblaient ne pas voir les gens – ou plutôt, ils semblaient voir à travers eux.

Le second personnage, un client, se nommait Maurice Arguin. Il ne s'était résolu à cette démarche qu'après quelques hésitations. C'était un homme dans la quarantaine, assez gras, au teint pâle et aux cheveux filasse. Impressionné par l'atmosphère de la pièce ou par l'aspect peu engageant de la femme, Arguin parlait d'une voix étouffée, comme dans un confessionnal.

— Ça se produit tous les mois, disait-il à la vieille.

— À tous les mois?

— Oui, à tous les mois.

— Vous êtes sûr? insista-t-elle d'une voix cassée.

— Ou... oui, hésita l'homme.

— Ne serait-ce pas plutôt à tous les vingt-huit jours, à toutes les lunaisons?

Arguin sembla réfléchir.

— Peut-être, je n'ai pas remarqué.

— Quand était-ce, la dernière fois?

— Hier.

— Ah! Hier, c'était la pleine lune. Bien des choses dépendent du mouvement et de l'influence des astres. Depuis quand est-ce que ça dure?

— Près d'un an, maintenant.

— Continuez.

— C'est toujours au même endroit, sur la rue Renouard, entre les rues Raynal et d'Orceval, du côté des chiffres pairs.

— Qu'y a-t-il à cet endroit?

— C'est devant l'entrée d'une ruelle.

— Vous y passez souvent?

— Trois ou quatre fois par semaine, le soir, en allant à la taverne du Faubourg et en en revenant.

Agathe sembla ruminer un instant ces informations, puis demanda:

— Et alors, que voyez-vous?

L'homme hésita un instant, puis se décida à expliquer que, certains soirs, en revenant de la taverne où il jouait aux échecs avec un ami, il avait une vision, qui se reproduisait toujours exactement au même endroit. C'était une vision très brève – aussi brève qu'un éclair – et qui ne se reproduisait jamais quand, pour vérifier, il s'arrêtait de marcher ou revenait sur ses pas.

Ce qu'il voyait, c'était une ligne rouge sur le sol, une ligne brisée comme peinte en travers du trottoir. D'une fois à l'autre, c'était toujours le même tracé, avec les mêmes angles, un dessin sans signification apparente. Arguin avait beau, après cette brève vision, interrompre sa marche, fixer le trottoir et même se pencher pour toucher le sol, ou revenir sur ses pas pour repasser au même endroit, il ne voyait la ligne rouge qu'une seule fois et elle ne reparaissait pas. Une fois qu'il l'avait vue, il ne la revoyait pas avant quatre semaines, bien qu'il passât là souvent et toujours vers la même heure. De plus, cela ne se produisait qu'à son retour de la taverne, et jamais quand il y allait.

— Vous sauriez me dessiner cette ligne? demanda Agathe.

— J'ai essayé, mais je réussis mal à la représenter.

La femme se leva, alla prendre du papier, une plume, de l'encre rouge, et posa le tout sur la table. Arguin fit un dessin, mais précisa que c'était une esquisse très approximative et qu'il ne pouvait faire mieux.

Quand Maurice Arguin eut fini de raconter son histoire et de dessiner la ligne rouge, Agathe resta un long moment silencieuse, les yeux mi-clos, à tel point qu'Arguin crut qu'elle s'était endormie.

— Eh bien? demanda-t-il enfin.

Elle se décida à parler:

— Il se passe bien des choses qu'on ne sait expliquer. Quant à votre affaire, je crois que c'est un présage, un signe du Destin.

— ... ?

— Il vous arrivera un grave malheur à cet endroit. Ce signe rouge que vous voyez est un avertissement. Je ne peux dire quand ça se produira. Je vous conseille de ne plus passer par là, jamais.

Inquiet, impressionné par le sérieux de la voyante, Arguin demanda:

— Et si je ne passe plus par là, il ne m'arrivera rien?

Agathe hocha la tête en signe d'incertitude:

— Votre destin est fixé d'avance, on ne peut rien y changer. Si j'ai bien interprété ce signe, un malheur vous arrivera à cet endroit, un jour où vous y passerez malgré votre intention de l'éviter.

Sur ce, elle se tut.

— C'est tout?

— C'est tout ce que je peux vous dire.

L'homme se leva et paya Agathe, à la fois satisfait d'avoir eu l'explication de ses visions et inquiet des prédictions de la vieille. Au moment où il allait sortir de la pièce, son regard tomba sur une carte du ciel placardée derrière la porte, et qu'il n'avait pu voir en entrant.

— Qu'est-ce que c'est? demanda-t-il en désignant la gravure.

— C'est le zodiaque. Les étoiles dans le firmament forment des constellations. Douze de ces constellations représentent les signes astrologiques, tout le monde les connaît.

— Cette constellation, là, c'est le dessin rouge que je vois.

Agathe se leva, étonnée, et s'approcha pour voir la constellation qu'il lui désignait. Elle la lui nomma, d'une voix pensive.

• • •

Des années s'écoulèrent. Maurice Arguin ne pensait plus que rarement à sa vision en rouge et à sa visite chez la voyante Agathe. Il ne passait plus souvent rue Renouard, et jamais entre les rues Raynal et d'Orceval. Il s'était habitué à un autre parcours pour se rendre à la taverne du Faubourg et ne s'inquiétait plus des sombres prédictions de l'Amérindienne.

Un soir, comme à tous les deux jours, Arguin se rendit à la taverne pour jouer ses parties d'échec vespérales avec son ami

André Guérard. Or, ce soir-là, le patron de la taverne célébrait la naissance de son premier petit-fils. Il offrit une tournée générale, ce en quoi l'imita l'heureux papa, ainsi que ses deux autres fils et des amis de la famille. Les clients de la taverne en sortirent donc plus éméchés que d'habitude. Ce fut le cas de Guérard qui, en ses libations, n'était jamais très modéré. Il fallut qu'Arguin s'offre à aller le reconduire chez lui.

C'était une soirée d'automne, froide et venteuse. Quand les deux hommes sortirent, beaucoup plus tard qu'à l'habitude, ils constatèrent que le ciel s'était couvert. Et quand Arguin eut reconduit Guérard, il se mit à tomber une pluie drue et glacée. Cela, et l'heure tardive, l'incita à chercher un raccourci pour rentrer chez lui.

Il emprunta la nouvelle rue de Vézins, dont on venait d'achever l'aménagement à la faveur d'un gros incendie qui avait rasé plusieurs maisons. Arguin n'était pas vraiment ivre, mais son sens de l'orientation était un peu émoussé, de sorte qu'il ne savait pas exactement où le menait son nouveau trajet, qui lui était inhabituel.

C'est ainsi qu'il déboucha sur la rue Renouard sans même la reconnaître. Il ne comprit où il était que quand il vit flamboyer devant lui, sur le trottoir, la mystérieuse ligne rouge qu'il avait presque oubliée. Il s'immobilisa, dégrisé par le choc de la surprise, par le froid et la pluie. À ses pieds, plus rien ne marquait le trottoir mouillé. Mais Arguin ne douta pas avoir revu ce que la vieille Agathe avait appelé un signe du Destin. Qu'était-ce donc qu'avait dit la vieille Amérindienne? «Un malheur vous arrivera à cet endroit, un jour que vous y passerez malgré votre intention de l'éviter.»

Arguin était seul dans la rue et on n'entendait d'autre bruit que celui de la pluie. L'homme sursauta et se retourna en entendant derrière lui un froissement de vêtements. Un coup terrible l'atteignit au front et il s'effondra. Sa dernière sensation, très fugitive, fut une piqûre à la poitrine et l'affreuse pénétration d'une aiguille dans son cœur.

• • •

Le Scorpion Rouge frappe encore! titraient les journaux le lendemain matin. Le «Scorpion Rouge», tel était le surnom qu'on avait donné à un fou homicide qui terrorisait le Faubourg depuis trois ans. Il avait commencé un automne: cinq personnes avaient été tuées dans les rues, trois femmes et deux hommes, certains soirs particulièrement sombres, brumeux ou pluvieux. Toutes les victimes avaient péri de la même façon. Marchant seules à une heure avancée de la soirée, elles avaient été assommées généralement par derrière puis tuées proprement par une aiguille enfoncée dans la poitrine, au niveau du cœur. Le tueur s'était gagné son étrange surnom par le fait qu'il étampait à l'encre rouge sur la poitrine de ses victimes le dessin d'un petit scorpion dont la queue rejoignait l'endroit de la piqûre fatale.

Il y avait eu ainsi cinq morts, puis la série s'était interrompue sans que l'assassin n'ait été capturé. On avait émis diverses hypothèses qui, toutes, concluaient à la fin de cette tragique histoire. Mais le Scorpion reparut l'automne suivant et commit à nouveau en octobre et en novembre quatre meurtres semblables qui restèrent eux aussi impunis. Encore une fois, l'assassin interrompit ses activités sans raison apparente. Et nul ne fut très surpris quand, l'automne suivant, on apprit le retour du

Scorpion Rouge. Deux personnes furent encore piquées au cœur et estampillées de la macabre signature.

Alors seulement, il se trouva un journaliste plus perspicace pour souligner que le Scorpion Rouge n'avait frappé, les années antérieures, que la dernière semaine d'octobre et les trois premières semaines de novembre. Les trois premiers meurtres avaient été perpétrés un 23 octobre, et le journaliste prédit qu'il n'y en aurait pas après le 21 novembre.

Maurice Arguin ne lisait pas les journaux et s'informait peu de l'actualité. Il passait ses journées à gratter le papier dans un obscur bureau et, taciturne, parlait peu aux rares personnes qu'il voyait. C'est pourquoi, de toute cette affaire, il ne connaissait que l'existence d'un dangereux assassin qui rôdait le soir. Aussi, quand cette nuit-là, après être allé reconduire Guérard, il marchait seul sous la pluie, n'éprouvait-il qu'une vague inquiétude. On lui avait dit presque en plaisantant de se méfier, comme on l'aurait mis en garde contre le loup-garou.

Il ne comprit donc jamais combien précis et véridique avait été ce présage d'une ligne rouge que la vieille Agathe avait identifiée comme la constellation du Scorpion.

La tour du silence

La plaine est vaste et désolée, sous un ciel blafard. Un ciel à la fois si bas et si lointain, insondable dans sa pâleur. L'horizon se perd dans la brume; on le devine vertigineusement distant.

Une haie de peupliers secoués par le vent borde une route déserte qui s'allonge vers l'infini. Il n'y a personne sur ce chemin, aussi loin que porte le regard. Où va cette route? On dirait vraiment qu'elle ne mène nulle part, que personne n'y passera jamais. Mais moi, je veux savoir.

Deux ou trois hameaux s'accrochent à cette route: je les ai traversés tout à l'heure.

Pâle demi-vie que vivent ces villageois. Terne existence, à l'écart de la société. Ces gens-là ont-ils jamais suivi la route au-delà de leur patelin?

Moi, Frédéric, je marche, je suis la route.

Sans que je m'en aperçoive, la haie de peupliers s'est interrompue, comme s'il lui avait manqué le courage de s'enfoncer plus avant dans le néant. La route elle-même semble s'estomper, perdre de la précision, telle une fumée qui se dissipe. L'usure du néant en efface le tracé. Est-ce que j'en verrai le bout avant qu'elle ne se fonde dans le sol même de la lande?

L'appel d'une corneille éclate, déchirant, sinistre, et se perd dans les voiles intangibles de la brume. Cri rauque et amer, comme irrité de ne pouvoir entamer l'épaisseur du silence.

Dans la lande aux herbages fades couchés par la gelée, quelques arbres nus, tordus, se découpent sur le ciel et résistent au vent. Au loin, des escadrilles d'oiseaux s'enfuient en silence. Mais moi je reste. Je marche, vent d'automne au visage. La bourrasque joue dans mes cheveux. Chaque rafale soulève mon âme et m'exalte. J'exulte à l'automne qui vente; souffles passionnés qui exacerbent les consciences.

Et cette solitude qui gonfle mon cœur... Toute cette plaine est à moi, puisque je suis le seul à y marcher. Personne à des lieues et des lieues à la ronde, personne d'ici à l'horizon.

La solitude ne m'effraie pas. Je la connais depuis si longtemps qu'elle s'est installée à demeure dans ma vie et en mon cœur. Seulement, aujourd'hui, c'est moi qui vais la relancer chez elle, sur son propre terrain, en cette lande désolée.

Voici maintenant la rivière. Le silence coule sur l'eau, une eau froide et miroitante. Une eau grise mais pure comme du verre, du verre que l'on voudrait boire pour s'alourdir de sa fraîcheur et se noyer dans son courant. Polir la rivière comme un cristal, en geler les reflets; en briser un éclat, l'enchâsser tel un sombre diamant, le monter en bague, joyau d'eau moirée, froid et lisse. Prélever des gouttes de cette rivière et en faire un collier glacé à offrir à mon âme.

Les méandres de la rivière s'étalent maintenant dans un marécage. Je devine d'obscurs grouillements dans les eaux et les vases: poissons sournois, reptiles, batraciens engourdis. Et d'autres vies encore, insoupçonnées, grouillant petitement dans le silence des marais.

Au-delà des marécages, le sol s'élève imperceptiblement, s'assèche, se tourmente. Loin au sud-est, j'aperçois la ligne des montagnes.

Le silence... Le silence est désormais total, comme l'est mon isolement. Les formations d'oiseaux qui survolent l'horizon sont étrangement silencieuses. Mon pas sur le sol pierreux résonne à peine. Je ramasse deux cailloux et les entrechoque: il ne m'en parvient qu'un son mat, sans éclat. Est-ce que je deviens sourd? Ou alors est-ce cette contrée qui est muette? N'est-ce pas le silence qui envahit la lande, s'insinue partout, ouate tous les bruits et les assourdit progressivement?

Un malaise, peu à peu...

Il n'y a plus de route depuis longtemps. La marche est entravée par des rochers chaotiques, des crevasses traîtresses. Plus de route. Et pourtant... Pourquoi, entre vingt directions possibles, ma marche m'a-t-elle mené en vue de cette tour qui se dresse dans le paysage? La route m'a peut-être aiguillé vers cette tour, même si elle ne s'y rend pas elle-même?

Se découpant sur le ciel blafard, la tour est une masse sombre et trapue, incongrue au cœur de ce désert. Peut-être est-ce une incarnation du silence, un point où le silence ambiant s'épaissit et se condense en un solide...

Le décor est lugubre, mais cette tour est encore plus sinistre. Ses énormes moellons de pierre noire, mate et rugueuse, ont quelque chose d'oppressant, comme si les géants qui l'ont construite étaient proches, menaçants.

Disparus, l'exaltation de la solitude, le sentiment grandiose de sérénité, l'insouciance détachée des préoccupations quotidiennes. J'aurais dû faire davantage attention: où suis-je, combien de temps ai-je marché?

Je continue quand même. La tour a une porte, immense, un seul battant de bois sombre et verdâtre, bardé de clous d'acier terni. Un heurtoir est fixé au centre de l'huis, forgé en bronze et poli par le temps.

Sûrement, personne n'habite cette tour sans fenêtre au cœur de la lande déserte. Pourquoi, alors, est-ce que je saisis le heurtoir et le laisse retomber lourdement?

Quoi? Est-ce que je deviens fou? Le heurtoir en retombant sur le contre-heurtoir n'a émis aucun son, comme s'il était fait de liège au lieu de métal, ou comme si j'étais devenu sourd!

La peur, sourde, envahissante...

Mais ma main remonte, reprend le heurtoir et frappe un fort coup sur la porte. Cette fois, pas d'erreur, plus de doute: ou je suis devenu sourd, ou alors tous les sons ont été bannis de ces lieux.

Au bord de la panique, je porte vivement les mains à mes oreilles et les frotte. Claquer des doigts, frapper mes mains l'une dans l'autre... Il ne m'en parvient qu'un bruit à peine perceptible, amorti comme s'il traversait une paroi avant de m'atteindre. Mes propres mains!

Je perds les sens, je perds peut-être la raison! Je devrais partir immédiatement. Fuir sans en demander plus.

Pourtant je reste, je ne sais pas pourquoi. Cette volonté impérieuse, ce n'est pas du courage: du courage, je n'en ai pas.

La poignée de porte est finement forgée. Je la tourne et je pousse le lourd battant, qui s'ouvre sans un grincement; pourtant il y a une friction, une forte résistance dans les gonds.

Au-delà du seuil, les ténèbres: une salle qui a les dimensions de la tour même. Qui sait, peut-être plus?

Pas de plancher: du palier prolongeant le seuil, part un escalier qui s'enfonce en spirale dans les profondeurs du sol, le long du périmètre de la tour.

Et ce silence. Rien ne viendra l'expliquer, je suppose. La gorge serrée, j'appelle. Qui m'entendra? Mais aucun cri n'est sorti: je suis muet, sourd et muet! Sur les marches de pierre noire, les dures semelles de mes chaussures ne rendent aucun son.

C'est l'antre du silence, et je descends, je descends toujours, c'est un gouffre. Où est ma volonté? J'ai perdu toute notion du temps et l'escalier tourne inexorablement. Je ne vois rien, il n'y a que la pierre tiède et poreuse sous ma main, le mur qui défile lentement.

Enfin une lueur, une très faible lueur. Plusieurs marches encore. Une arche se découpe, donnant sans doute accès à une salle; la lumière émane de là.

Il va m'arriver malheur. Il faut arrêter de descendre. Fuir cette tour.

Mais, savoir...

Quelques marches encore. Ma vue plonge dans une immense cave, doucement illuminée de mauve.

• • •

Dans la lande déserte, par-delà les marais, la tour noire se dresse au milieu d'un chaos de roches, petite en regard de l'immensité de cette plaine. Un jour d'entre les jours, pareil aux autres jours qui glissent sur la grisaille de la plaine, un mortel, un homme du nom de Frédéric Caraghiaur, après avoir cheminé sur une route déserte, arriva à cette tour. On vit (ou plutôt on ne vit pas, car il n'y avait personne) cette petite silhouette humaine pénétrer dans l'édifice après de longues hésitations.

Le temps passa, sans personne pour le compter. Puis, des profondeurs de la tour, Caraghiaur émergea en courant. Longtemps empêché par le silence régnant dans la tour, un cri de terreur jaillit de sa gorge, un cri rendu rauque par l'essoufflement. Et la petite forme humaine, minuscule sur l'étendue de la lande, s'éloigna en courant, trébuchant par endroits, apparemment incapable de mettre une distance suffisante entre elle et la tour.

Enfin le fuyard se crut hors de portée de la tour. Mais son cerveau bouleversé conservait les visions qu'il avait eues là-bas. Il revoyait encore cette assemblée d'êtres silencieux drapés de blanc. Certains, comme des conspirateurs, portaient dominos et cagoules pointues; d'autres, tels des moines médiévaux, dissimulaient leur visage sous de grands capuchons. En silence, en grand silence dans la salle immense, ces êtres bougeaient comme des danseurs sur une musique qu'eux seuls entendaient. Avec des gestes amples, presque chorégraphiques, ils se lardaient de grands coups de poignard.

Invisibles étaient les mains qui brandissaient ces coutelas. Étrange ballet macabre, fait d'esquives et de charges, d'assauts et de parades, de feintes et d'attaques. Silencieuse escrime, d'autant plus fantastique qu'aucun sang ne tachait les robes et que les lames brillaient toujours immaculées après chaque coup.

Pas de blessures? Et pourtant ces êtres sans visage ni sang tombèrent l'un après l'autre, légèrement, comme des pantins gonflés d'air. Leurs dominos s'affalaient tels des costumes vides. Et, de ces défroques, s'élevaient des flammes incolores, plus subtiles que du gaz, sans plus de consistance que des ombres.

Bientôt, le sol de la cave fut jonché d'étoffe. Dans l'air doucement éclairé de mauve, les ombres transparentes flottèrent un moment à hauteur d'homme. C'est alors que Caraghiaur sentit qu'elles avaient remarqué sa présence.

Et qu'elles allaient punir son intrusion.

• • •

Partout! Elles sont partout! J'avais cru qu'elles étaient restées dans les caves de la tour, qu'elles ne m'avaient pas suivi dans la lande et sur la route. Mais elles m'ont retrouvé en ville et m'ont rejoint ici même, chez moi.

Plusieurs jours s'étaient passés depuis mon retour. Je me remettais peu à peu. J'arrivais à me persuader que tout ça n'avait été qu'hallucinations. Je préférais croire à une erreur de mes sens, à un égarement temporaire de ma raison – ce que j'avais vu là-bas, ça ne pouvait être réel.

Or, un soir que je lisais dans mon salon, toutes lampes allumées comme j'en avais récemment pris l'habitude, j'ai commencé à m'agiter: quelqu'un m'épiait, j'en étais sûr, la sensation était obsédante. Je me suis levé pour faire le tour de l'appartement, fouiller armoires et recoins, inspecter portes et fenêtres. Mais personne ne se cachait chez moi.

En me rasseyant au salon, j'ai senti à nouveau cette impression, qui devenait certitude. Une présence. Une présence que je ne percevais pas par l'intermédiaire de mes sens, mais que je sentais psychiquement. Une présence hostile.

Mon corps était tendu, douloureusement; mes mains se crispaient sur les accoudoirs. Où? Où était cette présence?

Alors j'ai vu. Ou du moins j'ai cru voir, car c'était si immatériel que j'ai douté de mes sens. Comment la décrire? On aurait pu parler d'un gaz incolore, mais c'était plus subtil qu'une vapeur. Cela ne semblait guère plus tangible qu'une ombre, mais une ombre portée sur l'air même, suspendue dans le vide. Au-dessus de la flamme d'un brasier ou d'une route chauffée par le soleil d'été, l'air chaud monte en déformant ce qu'on voit à travers; ce que je voyais rappelait ce phénomène.

Mais c'était une entité, un être doué de personnalité.

Un esprit, en quelque sorte. Et je sentais son hostilité.

Combien de temps suis-je resté là, immobile, à fixer l'entité? Elle ne bougeait pas. Elle est restée là quelques minutes tout au plus, mais ça m'a semblé une éternité.

Puis elle est disparue instantanément, et j'ai perçu son départ, comme on constate qu'un son s'interrompt, qu'une lumière s'éteint.

Je n'ai pas dormi cette nuit-là. J'ai essayé de me convaincre que j'avais à nouveau été victime d'une hallucination.

Deux jours plus tard, j'ai dû déchanter. L'entité est revenue, et j'ai perçu à nouveau la haine qui l'animait. Cherchant une dernière fois à me convaincre que je me trompais, j'ai tendu une main vers cette flamme transparente. À son contact, un grand froid s'est répandu dans mon corps et m'a engourdi.

Cette fois, elle est restée une heure à flotter devant moi – j'étais retombé dans mon fauteuil, terrassé. Par où était-elle entrée? Après son départ, j'ai bloqué la cheminée, fermé toutes les fenêtres, calfeutré les interstices des portes avec des chiffons.

Sottise! Le lendemain, l'entité s'est manifestée à nouveau, se jouant des obstacles matériels et traversant les vitres comme du brouillard.

En un geste de rage, j'ai bondi vers le foyer du salon, j'ai pris un tisonnier et je me suis retourné pour frapper l'entité. La lourde tige n'a pas rencontré plus de résistance que si elle avait affronté un courant d'air. Mais, à l'instant où mon arme a traversé l'entité, j'ai été saisi d'un froid glacial qui a engourdi tout mon corps. Je suis tombé mollement sur le tapis, ayant à peine le réflexe d'amortir la chute avec mes bras.

Une faiblesse passagère, mais ça a suffi à me décider. Je me suis relevé et, dans le même mouvement, je me suis élancé vers la porte afin de fuir cette épouvante. Mais mon élan a été brisé par une nouvelle vague de froid, plus intense que la première: je venais de toucher une deuxième entité qui flottait devant la porte et dont je n'avais pas remarqué la présence. Je suis tombé et je suis resté prostré au sol, sans force, durant quelques heures qui m'ont paru une éternité.

Durant cette paralysie, je conservais toute ma lucidité. J'ai perçu nettement, sinon les intentions de ces entités, du moins leurs sentiments hostiles. C'était de la haine, et un malin désir de vengeance.

Quel tabou avais-je transgressé en m'aventurant dans cette lande et en pénétrant le silence de cette tour? Quel secret avais-je surpris, quel rite avais-je troublé par mon irruption? Je l'ignorais, mais je devinais que j'allais expier ma faute.

Quand enfin elles m'ont quitté, je me suis précipité dans ma chambre et j'ai fait mes valises à la hâte. Il fallait fuir, n'importe où, et mettre le plus de distance possible entre moi et ces entités.

Une heure ne s'était pas écoulée, que j'ai senti à nouveau une présence près de moi. Alors, laissant là mes bagages, j'ai bondi vers la porte de la chambre, mais je me suis heurté à une autre entité. Et j'ai vu qu'il y en avait aussi une devant la fenêtre. Toute retraite m'était coupée: impossible de m'approcher d'une sortie sans tomber transi.

J'ai tenté d'appeler à l'aide mais, comme l'autre jour dans la tour noire, aucun son n'est sorti de ma gorge. Rien! Il n'y avait plus rien à faire! Affalé sur une chaise, je suis demeuré immobile durant un temps indéfini.

Les entités continuaient de flotter dans la chambre, se contentant de me faire sentir leur hostilité, de me paralyser par la seule force de leur volonté. Et il en venait d'autres. Elles surgissaient de nulle part, m'encerclaient systématiquement. J'ai renoncé à les compter.

Quel espoir me restait-il? Toutes les alternatives étaient épuisées. Prisonnier dans ma propre chambre, figé sur ma chaise, muet, je ne pouvais attendre aucun secours.

J'ai résolu d'en finir, pour éviter des tourments que je n'osais imaginer. Rassemblant toutes mes forces, j'ai tendu un bras vers un rasoir posé sur la table de toilette, à portée de ma main. Mais les entités ont deviné mon intention et ont figé mon bras.

C'était hier. Depuis, elles ne me quittent plus.

Derrière le miroir

Restait une autre porte à gauche qui, elle, s'ouvrit sur une salle complètement obscure. Sur le seuil, la femme frotta une allumette. Elle se vit au début d'une rangée de tombes massives alignées le long des murs d'une crypte qui devait s'étendre au-delà de la zone éclairée par l'allumette. Apparemment, il n'y avait aucun espoir de trouver une issue de ce côté. Soudain, un bruit attira l'attention de la femme au moment où elle allait lâcher l'allumette qui lui chauffait les doigts. À sa gauche, une des tombes était faiblement visible, bien qu'aucune lumière ne la frappait. Et le couvercle de pierre bougeait, glissait avec un raclement creux. Une main apparut dans l'interstice entre la tombe et son couvercle, une main verdâtre, fantomatique. La terreur paralysa la femme, qui sentit ses cheveux se dresser. La main poussa le couvercle de côté, et celui-ci tomba avec un fracas de pierre brisée. Et là, s'asseyant dans sa tombe, le mort apparut, luisant d'une phosphorescence spectrale. De son suaire émergeaient des bras et un crâne moisis. Dans le visage maigre, les os saillaient, crevant la peau. La tête était couverte de cheveux jaunâtres, le nez était pincé, les mâchoires ricanaient, les orbites vides fixaient la femme...

• • •

— Eh bien, Patricia, comment a été la journée?

La femme alla embrasser son mari tandis qu'il enlevait son paletot.

— J'ai presque fini de tout ranger, répondit-elle. Il ne me reste plus que quelques boîtes à dépaqueter.

— Comment va ta cheville?

— Elle me fait encore mal quand je

m'appuie dessus, mais je peux marcher. Claude...

— Oui?

Après une hésitation, elle formula ses pensées:

— C'est idiot, mais... on dirait que les murs sont croches.

Et de lui expliquer que, toute la journée, elle avait eu l'impression qu'il y avait dans leur nouveau logement des défauts de perspective, des murs qui paraissaient se rapprocher ou s'éloigner, des planchers qui semblaient en pente, des armoires aux profondeurs inusitées. Ce qui était le plus déroutant, et que Patricia ne put exprimer, faute de mots adéquats, c'était que ces impressions persistaient malgré les perceptions contraires des sens: les yeux voyaient que tel mur était droit, et pourtant l'impression demeurait qu'il était oblique.

— C'est curieux, j'ai la même impression, répondit Claude.

— Et puis, tu te rappelles, quand nous avons visité, l'aménagement et la disposition des pièces nous ont semblé bizarres.

Ils avaient remarqué à leur première visite un redan sur un mur de la chambre et un renfoncement sans utilité apparente dans le boudoir. C'était une maison très ancienne.

À table, ils parlèrent des voisins que Patricia avait entrevus ou que Claude avait croisés dans l'escalier. Ils en étaient au dessert quand Claude nota que sa femme regardait pensivement le plafond. Blonde, de visage un peu quelconque, elle laissait paraître une certaine lassitude.

— Tu penses encore à cette histoire de mesures et d'angles?

— Cet après-midi, j'ai fait monter le concierge et je l'ai questionné.

Elle raconta ce que l'homme lui avait expliqué. Le redan sur le mur de la chambre correspondait à une cheminée montant du sous-sol. Le renfoncement dans le boudoir était une ancienne garde-robe transformée en un genre d'alcôve par un locataire antérieur. Aucun mystère, donc, dans l'aménagement du logis. Quant aux perspectives bizarrement défectueuses, l'évidence des mesures niait ces mirages: les murs étaient équidistants, les planchers rectilignes, les armoires de dimensions normales, et il n'existait aucun espace caché entre les pièces. Pourtant, les mystérieuses impressions persistaient.

— Et les fenêtres... ajouta-t-elle.

Ces fenêtres immenses qui parfois ne semblaient pas donner plus de lumière qu'un soupirail, alors que les rideaux étaient ouverts et que le soleil brillait dehors.

— Ce doit être la fatigue du déménagement, commenta Claude sans conviction. Moi-même j'ai mal dormi la nuit dernière.

— Moi aussi, très mal, renchérit sa femme d'une voix lasse.

• • •

Quand l'homme s'éveilla, courbatu et transi, il constata que la porte de son cachot était entrouverte. Il la regarda un instant avec incrédulité, se demanda s'il ne rêvait pas. Il s'approcha de la porte, le cœur palpitant d'espoir. Un coup d'œil à l'extérieur vers la gauche lui révéla que le garde, au bout du couloir, s'était assoupi à son poste. Dans la direction opposée, le couloir faisait un coude et c'est vers là que s'en fut le prisonnier, sans faire plus de bruit qu'un chat. Il avisa une archère, d'où il vit que les remparts semblaient déserts et que le pont-levis était abaissé. Tout cela était trop beau pour être vrai.

Plus loin, une meurtrière donnant sur le passage de l'entrée principale lui révéla que les portes étaient ouvertes et les herses levées. Il traversa les écuries et gagna la cour basse; elle lui parut déserte. D'après la couleur du ciel, l'aube se levait à peine. Quelques pas menèrent le fugitif au passage de l'entrée principale. Son évasion allait-elle être aussi ridiculement facile après une si longue captivité? L'émotion lui avait enlevé tout jugement et il ne ressentit qu'une vague méfiance: si tout cela était un piège? Au bout du passage se découpait la sortie sur les remparts. La liberté était-elle là, à cinquante mètres? Franchissant la première double porte, le fugitif se mit à courir, passa la herse, la deuxième porte, traversa le fossé rempli d'eau en galopant sur le pont-levis. Il était hors du château; restaient les remparts. C'est alors qu'il perçut autour de lui des sifflements, et qu'une douleur atroce lui déchira le mollet. Une volée de carreaux d'arbalète l'avait frôlé et l'un des traits lui avait mutilé la jambe. Hurlant de douleur, il trébucha dans son élan et s'étala sur les dalles, à deux pas de l'air libre. Ses doigts touchaient presque au bois du pont-levis. Il n'eut que le temps de se retourner sur le dos pour réaliser qu'il se trouvait étendu sous la dernière herse. Dans un cliquetis de chaînes et un grincement de treuils, la lourde grille de fer tomba. Ses pointes heurtèrent avec fracas les dalles du sol, transperçant la poitrine du fuyard dans un atroce craquement d'os, et le clouant au sol. Le premier rayon de soleil éclaira son corps à demi broyé. Un filet de sang coula le long de la muraille, mais aucune goutte n'atteignit le sol hors de l'enceinte.

• • •

Dans l'escalier, en montant à son appartement, Claude se trouva à précéder un autre locataire. À chaque tournant il pouvait le détailler, l'autre ne le regardait pas. *Il a l'air d'un artiste*, songea-t-il. Sans doute à cause de ses yeux sombres, ou de son allure générale: grand et mince, cheveux bouclés, assez bel homme. Peut-être Patricia l'avait-elle remarqué?

Il monta lui aussi jusqu'au troisième étage, mais il disparut sans bruit. *Où est-il passé?* Toutefois, Claude ne s'interrogea pas longtemps: c'était une maison vieille, aux êtres compliqués, comme beaucoup de bâtisses sur cette rue de Tonnancourt.

En entrant chez lui, Claude resta saisi en voyant Patricia: ses yeux étaient cernés et un pli amer se dessinait aux commissures de ses lèvres. Elle avait, lui avoua-t-elle, passé la journée à jeter autour d'elle des regards inquiets, obsédée par des phénomènes qui semblaient dans ce logis défier les lois de l'optique et de la physique. Elle imaginait partout des espaces cachés, des réduits secrets, des ouvertures dérobées, et elle avait parfois l'impression d'être égarée dans un dédale.

Il y avait plus. Il y avait autre chose, une sensation encore inexplicable, mais qui participait à son angoisse.

Sa fatigue, sans nul doute, contribuait à cet état d'anxiété. Depuis qu'elle couchait dans cet appartement, elle n'avait pas joui d'une seule bonne nuit de sommeil. Son repos était troublé par des cauchemars dont elle n'avait aucun souvenir exact. Si au moins elle avait pu sortir, changer d'air, marcher dans le parc, regarder les enfants jouer dans la rue... Mais elle s'était fracturé une cheville deux semaines auparavant et portait un plâtre. Elle boitait encore, et toute marche prolongée la faisait souffrir.

• • •

— Traître! Traître! hurlait la foule en colère.

Sur la terrasse, les juges lurent une dernière fois leur sentence et enjoignirent le condamné à se racheter. Aussi fanatique que ses bourreaux, il refusa. Alors on le suspendit à la potence par les bras et, à l'aide d'un système de pivots, on avança son corps au-dessus du vide, à dix mètres du sol. Sous lui, au pied de la muraille, étaient entassés les fagots.

— Dénonce tes complices et sauve-toi! cria encore l'un des juges.

— Jamais! hurla le condamné.

Le peuple, en contrebas, lui répondit par une clameur de haine, et les gardes eurent de la peine à contenir la fureur de tous ces gens.

Le bourreau mit le feu à la paille sèche. La flamme du bûcher monta haute et claire dans la nuit, et son rugissement féroce fit reculer les spectateurs. L'homme sentit une bouffée torride l'envelopper et le suffoquer. Bientôt, sa peau commença à griller tandis que ses vêtements se mettaient à fumer. La souffrance lui arracha des hurlements qui dominèrent un instant le grondement des flammes.

• • •

Au matin, en quittant l'appartement, Claude revit celui qu'il appelait «l'artiste». Il venait de derrière l'escalier menant aux combles. Claude feignit d'avoir oublié quelque chose, rentra chez lui un instant et ressortit quand les pas de l'homme eurent décru dans l'escalier. Il alla fureter et trouva un couloir étroit, presque secret, dont l'amorce était située derrière l'escalier des combles.

Le concierge, guère difficile à faire parler, lui apprit que l'artiste – c'en était un effectivement – avait là-bas son atelier, qui prenait jour par une verrière dépolie donnant sur une cour intérieure.

— Que fait-il? Il peint?

— Il dessine, précisa le concierge avec une grimace.

Il déclara avoir déjà vu ses œuvres, et ne pas comprendre l'enthousiasme de la critique.

— Sinistre, commenta-t-il laconiquement lorsque Claude l'y pressa.

Là-dessus ils se laissèrent et les pensées de Claude revinrent bien vite à sa femme, qui à nouveau allait passer la journée seule.

Les impressions de Patricia tournaient à l'obsession. Elle avait beau essayer de se raisonner, il semblait y avoir dans cet appartement une qualité spéciale d'atmosphère: une tension y régnait, créant chez Patricia une anxiété morbide. Elle sentait que ce logement avait une personnalité, comme s'il se fut agi d'une entité vivante, quoique inanimée. C'était une présence diffuse, intangible et pourtant perceptible, ni hostile ni bienveillante, mais angoissante par le seul fait de son existence. Patricia osait à peine en parler à son mari, craignant de passer pour folle. Mais, justement, n'était-elle pas en train de devenir folle?

Son état de santé devenait inquiétant. Elle était pâle et les cernes autour de ses yeux avaient élargi; elle n'avait plus d'appétit. Claude n'allait pas très bien non plus, et son travail s'en ressentait.

Ils avaient tous d'eux d'affreux cauchemars qui chaque nuit leur interdisaient tout repos. D'une précision exceptionnelle, c'étaient des fuites, des tortures atroces, des épouvantes et des souffrances sans nom. Les deux époux envisageaient de prendre à la campagne un congé de quelques jours pour se rétablir.

• • •

Cernée! Au bout de la galerie, un autre groupe d'hommes s'avançait vers elle, muni de torches. Derrière elle, la femme entendait les pas de ses poursuivants, amplifiés par l'écho des souterrains.

Un seul espoir: l'amorce d'un autre couloir qui s'embranchait devant elle. Il fallait y arriver avant ces hommes, là-devant, qui couraient vers elle. Quoique à bout de souffle, la femme se remit à courir et s'engouffra dans ce nouveau tunnel. Il y régnait une obscurité complète, mais une certaine lueur y pénétra quand à son entrée les deux groupes de poursuivants se rejoignirent.

La femme tourna la tête pour juger de leur proximité mais, ce faisant, elle dévia de sa course et heurta une paroi. Elle chancela et s'étendit de tout son long, meurtrie. Cette chute la sauva pourtant, car elle sentit que sa tête était au-dessus du vide. Elle recula en un sursaut de terreur et vit, à la lueur des torches éloignées, que la galerie se terminait par un gouffre dans lequel elle avait failli se précipiter en courant.

La femme se redressa, affolée, pour faire

face à ses poursuivants. Ceux-ci s'étaient immobilisés à l'amorce du couloir et le nombre de leurs torches semblait se multiplier. Que préparaient-ils, ces démons féroces, dont elle apercevait les silhouettes mêlées aux flammes? Quelques minutes s'écoulèrent, durant lesquelles un des poursuivants s'approcha avec une torche pour voir ce qu'il était advenu de la fugitive. Constatant qu'elle n'était pas tombée dans la fosse, il s'en retourna.

Alors, les hommes se mirent à crier en agitant leurs torches au ras du sol. Folle d'inquiétude, la femme se demanda ce qui se passait. Jetant leurs torches à terre, les hommes se turent. À ce moment, elle vit... Elle vit ce grouillement qui avançait vers elle au ras du sol et, dans le silence refait, elle perçut le trottinement de mille pattes griffues progressant dans sa direction. Effrayés par le feu, les rats avaient été lancés à sa poursuite.

Le tunnel s'emplit des hurlements démentiels de la fugitive. Déjà les premiers rongeurs mordillaient ses pieds et grimpaient le long de ses jambes. Reculée jusqu'au bord du vide, elle se débattait comme une forcenée mais les rats tenaient bon et, bientôt, il y en eut une grappe fermement agrippée à ses mollets, tandis que les plus entreprenants atteignaient déjà sa poitrine.

En un geste de désespoir, elle se jeta dans le vide, pour que la mort interrompe cet horrible tourment. Mais le choc vint tout de suite: la fosse était peu profonde et, sur le sol couvert d'eau croupie, elle se brisa les os. La douleur la fit défaillir un instant, néanmoins elle ne perdit pas conscience. Ses membres cassés la faisaient souffrir terriblement. Mais le plus atroce, c'étaient les rats, qui la dévoraient vive. Contrainte à l'immobilité par ses multiples fractures, elle sentait des petites dents aiguës fouiller sa chair. Il n'y en avait qu'une dizaine qui l'avaient suivie dans sa chute et n'avaient pas été écrasés sous son poids. Elle voyait avec espoir le moment où, les ayant arrachés un par un et les ayant assommés sur le roc, elle serait délivrée de cette horreur.

Les autres, le gros de l'essaim, la guettaient avidement d'en haut, grouillant au bord de la fosse.

C'est alors que dans le tunnel, derrière les rats, les hommes se mirent à avancer en criant et en agitant leurs torches au ras du sol...

• • •

Patricia se réveilla en hurlant, se débattant comme une forcenée. Elle était tombée du lit et Claude tentait de la maîtriser, au risque de se faire éborgner. Même réveillée, elle sentait encore les rats fouir dans ses entrailles et déchirer ses viscères. Elle était trempée de sueur. Elle mit quelques instants à se calmer et à reprendre son souffle. Son mari la serrait contre lui en murmurant des paroles de réconfort.

La crise passa.

Dans l'appartement contigu, une voix d'homme se fit vaguement entendre, parlant fort: encore le voisin qui pestait contre ces cris dans la nuit – ce n'était pas la première fois. Patricia alla essuyer son corps et changea de robe de nuit. Mais elle ne voulut pas se recoucher, craignant le retour de ses épouvantables cauchemars. Elle prit une couverture, s'en drapa et alla s'asseoir dans un fauteuil tandis que Claude se recouchait. Elle sentait encore des fourmillements qui lui rappelaient le contact des rats.

Son regard se posa sur le grand miroir fixé au mur, à la tête du lit. C'était une très vieille glace, encastrée dans le mur, encadrée de bronze niellé. Le verre semblait épais et d'une coloration sombre, verdâtre. Dans la chambre éclairée par une veilleuse, il luisait vaguement telle une verrière éclairée de derrière par la clarté lunaire.

• • •

Il s'éveilla, fourbu, et ses yeux s'habituèrent lentement à la pâle clarté qui tombait d'une cheminée d'aération. Il constata qu'il était à nouveau dans le cachot, dont les murs suintaient et dont la porte massive était bardée de fer. L'atmosphère était fétide, froide. L'homme resta couché sur son grabat, et de longues minutes passèrent dans le silence le plus complet.

Puis un son devint perceptible, rumeur d'abord vague et lointaine, se précisant ensuite à mesure qu'il amplifiait en s'approchant. C'était comme un chœur de murmures et de chuchotements, mille voix désincarnées qui se muèrent en râles et en gémissements, une cohorte de damnés pleurant leur désespoir. L'homme sentit à nouveau la peur le gagner, la peur atroce d'un péril inconnu.

Soudain, la porte s'ouvrit vers l'intérieur, comme enfoncée par une explosion, et une rafale glacée s'engouffra dans le cachot.

L'épouvante fit bondir le prisonnier. Une femme était apparue, puissante et nue, ne portant qu'une cape noire effrangée qui s'agitait autour d'elle tel un drapeau claquant au vent. Elle portait bracelets et colliers en fer, brandissant dans sa main gauche un fouet et dans sa dextre un serpent qui se débattait en sifflant. Elle était casquée tel un guerrier antique, et sous ce bucrane dépassait une coiffure échevelée. Sa peau était grise, ses yeux tout blancs, comme révulsés, et dans son visage grimaçant de haine, la bouche béait immobile: de là sortaient, en un rugissement assourdissant, les clameurs de mille voix infernales.

• • •

Claude se dressa dans son lit en étouffant un cri d'épouvante: il ne voulait pas réveiller une fois de plus le voisin et Patricia. Mais il entendit quand même la voix du locataire d'à côté, comme plus tôt ce soir, comme les autres nuits. Il parlait fort, encore, mais ce n'était pas le ton de la colère. Ce n'étaient donc pas les cris effrayés de Patricia et de Claude qui le tenaient éveillé nuit après nuit? Impossible toutefois de comprendre ses paroles: il n'avait prononcé qu'une phrase ou deux, et sa voix n'était guère plus audible qu'un appel lancé de très loin. Tout au plus Claude avait-il cru saisir quelque chose comme «mise à rien».

Patricia était éveillée – il n'en fut pas surpris – et elle lui dit à voix basse, de son fauteuil:

— Le voisin non plus ne semble pas dormir beaucoup la nuit.

Se tournant vers le grand miroir, Claude se vit un visage hagard, et il lui semblait que Patricia parlait pour lui quand elle murmura:

— Je ne pourrai plus endurer ça bien longtemps...

• • •

Au journal où il était chef-comptable, Claude se trouva attablé ce midi-là devant André Barras, le chroniqueur des arts. Il dut distraitement mentionner son voisin artiste car le journaliste parut intéressé:

— Frégeau? Philippe Frégeau?

— C'est ce qu'on m'a dit, il me semble.

Le chroniqueur lui fit lire le papier qu'il

publiait aujourd'hui, sur une exposition Frégeau qui tirait à sa fin, dans une galerie de la haute-ville.

Faits à l'encre, en des tons sombres où dominaient le noir et le rouge, les dessins de Philippe Frégeau étaient des œuvres surréalistes, des images de sang et de peur, de feu et de nuit, délire et démence. Tracés à la plume fine, ils avaient parfois une minutie hallucinante; c'était alors des scènes de l'au-delà, infernales, des êtres frémissants et hérissés. Parfois, au contraire, ce n'étaient que des esquisses imprécises, montrant des entités informes issues d'un prodigieux néant.

— Et ce mot, là, qu'est-ce que c'est?

— Mysariel? C'est le titre de l'album qui accompagne l'exposition. Mais Frégeau ne l'explique nulle part.

Mysariel. Mise à rien. N'était-ce pas ce que Claude avait entendu dans la nuit?

L'appartement voisin de leur chambre à coucher, c'était donc celui-là même qu'occupait Frégeau? Non seulement habitaient-ils au même étage, mais leurs logements étaient contigus? Le plan de l'immeuble était si compliqué que Claude n'avait pas réalisé cette possible contiguïté.

Mais Claude fut bien plus troublé par

la conversation qu'il eut plus tard ce jour-là avec un autre collègue.

• • •

L'état de Patricia ne s'était pas amélioré quand Claude revint de travailler ce soir-là. Pâle et amaigrie, elle était parfois prise de tremblements nerveux et des tics venaient crisper sa bouche de curieuse façon. Il n'osa pas lui demander comment avait été sa journée. Il s'assit près d'elle et, après l'avoir embrassée, demanda:

— Eh bien?

Elle soupira, laissa errer son regard sur le salon, le fixant ensuite longuement sur le grand miroir de la chambre qui lui renvoyait son image comme de très loin. Elle resta muette.

— J'ai parlé à Gérard, au bureau, annonça Claude. Il était très réticent, mais j'ai fini par lui tirer les vers du nez. Il m'a avoué qu'ils ont déménagé parce que Pierrette faisait des crises nerveuses.

— L'appartement la rendait malade?

— Il n'a pas voulu me donner de détails.

— Et les cauchemars?

— Eux aussi en avaient, chaque nuit.

Il y eut un silence entre les deux époux.

— Et avant eux? demanda Patricia.

— Ils n'ont pas connu les locataires précédents et l'appartement était vide quand ils ont emménagé. Mais une voisine leur a laissé entendre que les locataires ne restaient jamais longtemps et que le logis était souvent inoccupé.

Le silence s'installa à nouveau et, encore une fois, comme une musique qu'on percevrait sans l'entendre, la présence du logis se fit sentir.

— Ce logement est hanté, Claude. Partons d'ici.

Hanté, oui. Patricia en avait maintenant la certitude. Hanté par une présence immatérielle qui s'était intégrée aux murs même de l'appartement et l'animait d'une vie mystérieuse. Ces lieux avaient une âme, une personnalité. L'atmosphère qui y régnait était mauvaise: les locataires y dépérissaient comme si le logement, ou son esprit, puisait à même l'énergie vitale des gens et s'en nourrissait.

— Partons d'ici, Claude.

— Quelques jours encore, chérie. Restons encore quelques jours, et si ça ne change pas nous partirons.

Résignée, Patricia se renversa sur le dossier et ferma les yeux.

— D'accord, soupira-t-elle. Quelques jours... Si au moins nous pouvions dormir.

• • •

— Vous savez que je ne devrais pas faire cela. J'aurais refusé pour tout autre que vous, Barras.

Ce disant, le propriétaire de la galerie Sichère toisait Claude, qui accompagnait discrètement le chroniqueur des arts. C'est lui qui l'avait presque supplié d'obtenir cette visite semi-clandestine.

— Vous voyez, commenta Sichère en allumant quelques plafonniers, certaines toiles ne sont pas encore déballées. Il en manque même une ou deux, à ce que m'a dit Frégeau. Le vernissage ne se fera que la semaine prochaine.

Barras était à court de mots – momentanément, du moins. Mais c'est Claude qui avait toutes les raisons de rester sans voix.

— La souffrance, le désespoir, l'épouvante: ce ne sont pas des thèmes faciles, glosait Sichère.

La prochaine exposition de Frégeau ne

présentait aucune encre, seulement des huiles. Il y avait là un squelette sortant d'un tombeau dans une crypte funéraire, un homme condamné au bûcher et suspendu au-dessus des flammes, un fuyard cloué au sol par une herse, une fugitive poursuivie et dévorée par les rats, une furie surgissant à la porte d'un cachot.

— Le réalisme, poursuivait le propriétaire de la galerie, le réalisme de ces représentations est tel qu'on croirait que Frégeau a assisté aux scènes dépeintes.

Et Barras, fasciné, enchaînait, formulant à mi-voix les phrases d'une prochaine chronique:

— Le visage des suppliciés grimace tant qu'on croit subir dans sa propre chair les tortures illustrées. Le désespoir et l'horreur émanent de ces toiles, littéralement, oui... Je me sens mal, je vous avoue...

Mais du malaise de Claude, Barras n'avait pas la moindre idée.

• • •

Il était tard lorsque, ayant quitté André Barras, Claude regagna l'immeuble où il avait Philippe Frégeau pour voisin. Patricia dormait probablement, à cette heure, et il alla directement à la porte de l'atelier du peintre. La porte était déverrouillée, par une distraction stupéfiante de l'artiste – ou peut-être ne prenait-il jamais la peine de fermer à clé quand il était là, tant l'endroit était retiré.

La présence, la présence sournoise que Claude et Patricia avaient sentie chez eux, elle se sentait ici aussi.

Claude pouvait tout voir. L'atelier était contigu à leur chambre à coucher et le grand miroir béait là, telle une fenêtre sur la chambre des Villaret. Frégeau était, cette nuit comme sans doute les précédentes, posté derrière le miroir, dans la pénombre. Il regardait, dans la chambre éclairée par une veilleuse, Patricia endormie sur le lit. La fureur gonfla Claude, mais il se contint, muet. Là-bas, Patricia avait des soubresauts qui annonçaient un rêve violent.

Dans l'obscurité, doucement, Frégeau se mit à psalmodier des incantations. Alors le miroir commença à perdre de sa transparence. Le lit et la dormeuse, de l'autre côté, cessèrent d'être visibles. Il n'y eut bientôt plus qu'un rectangle de verre limpide, mais totalement noir, comme une fenêtre sur le vide. Des images commencèrent à s'y former, d'abord vagues, puis de plus en plus précises.

Il ne restait plus que Patricia de vivante dans cette grande salle souterraine qui servait de geôle. Elle n'avait plus pour compagnie qu'un cadavre, celui d'un autre prisonnier, qui avait dû mourir la veille. Le corps rachitique, enchaîné debout au mur, était affaissé et ne tenait que suspendu par les poignets.

Quant à Patricia, son corps n'était que douleur. Sa chair, criblée de plaies et de brûlures, témoignait des tortures qu'on lui avait infligées. La soif la dévorait, elle grelottait dans cette prison humide et froide. La toux lui déchirait la gorge, elle allait peut-être mourir d'une pneumonie avant que ses bourreaux ne l'achèvent. Ne l'achèvent... comme ils avaient sans doute achevé son compagnon, qu'on avait emmené quelques heures plus tôt et qui n'avait plus reparu. Au début, comme cela se produisait souvent, des hurlements atroces lui parvenaient de sous la porte, provenant de la salle de torture à l'autre bout du couloir. Mais son compagnon avait perdu même la force de crier et sans doute était-il mort à l'heure actuelle.

À ce moment, un bruit de chaînes se

fit entendre de l'autre côté de la porte. Il s'amplifiait à mesure que des pas traînants avançaient vers la geôle. Ils s'arrêtèrent derrière l'huis et il se passa un instant de silence. La porte s'ouvrit alors, en face de Patricia, et l'horreur l'assaillit comme une bourrasque glaciale. Son compagnon était là, seul. Un bras lui manquait et la clavicule dépassait parmi les chairs déchirées. L'autre bras pendait, inerte, et il y manquait tous les doigts. Des chaînes étaient fixées au poignet et aux chevilles. Les jambes paraissaient entièrement écorchées. Les joues étaient cloquées, la bouche n'était qu'une plaie écœurante. Les cheveux avaient dû être brûlés jusqu'à la racine car le crâne n'était qu'une masse noire et grumeleuse. Mais le plus affreux, c'était le ventre, fendu du pubis au sternum; sans doute avait-il été vidé de ses entrailles, et il n'en pendait plus que quelques lambeaux.

Patricia eut la nausée, un terrible haut-le-cœur la convulsa. À la porte, le supplicié la fixait. Elle ferma les yeux et détourna la tête. Elle était épouvantée, plus par le fait que ce corps soit encore vivant, que par l'atrocité du spectacle. Comment pouvait-il être encore en vie?

Un râle venant du supplicié lui fit rouvrir les yeux. Une voix rauque, comme venue d'outre-tombe, répondit à sa question muette: «Je ne suis plus vivant, Patricia, je ne suis plus vivant».

Dans la chambre, au-delà du miroir, Patricia s'éveilla en hurlant. Dans l'atelier, où la présence intangible se sentait plus que jamais, Frégeau alluma une lampe. Ignorant toujours qu'il était guetté, l'artiste s'assit devant son chevalet et commença à reproduire la scène paroxystique du cauchemar, qui s'était fixée dans le verre même du miroir.

— Mysariel, génie de l'horreur, clama-t-il avec ferveur, tu t'es surpassé cette nuit!

• • •

Claude et Patricia couchèrent le lendemain à l'hôtel. Le surlendemain, leur ménage et leurs effets quittaient l'appartement. Claude n'expliqua jamais vraiment à son épouse pourquoi il n'avait pas interpellé Frégeau cette nuit-là, pourquoi il s'était retiré silencieusement, sans apostropher le peintre.

Il ne lui raconta jamais, non plus, comment la présence intangible et invisible que Frégeau appelait Mysariel, se condensa et se matérialisa brièvement au-dessus de l'épaule de l'artiste quand il commença à peindre.

Brève histoire de Gonzague Préjudice

— La garce! Elle s'est fait enterrer avec ses bijoux! Et voici la pluie qui s'en mêle! Marche donc, vieille jument!

L'homme qui rageait ainsi conduisait une voiture très usagée. En temps ordinaire, elle roulait convenablement. Mais, par temps humide, le moteur avait tendance à caler après les arrêts.

Cette nuit-là, Gonzague Préjudice était de très mauvaise humeur. Sa défunte épouse avait emporté ses bijoux avec elle, dans sa tombe, plutôt que de les lui léguer. Mais reprenons cette histoire depuis le début...

Gonzague Préjudice était un petit homme d'âge incertain, moustachu. Nous ne dirons rien de sa jeunesse: nous en savons bien peu de choses. Quant à son métier, il était brocanteur et ses affaires n'étaient pas claires. Il dut, un soir, quitter sa boutique par la porte de derrière, fuir par les arrière-cours et les ruelles: il avait été prévenu d'une perquisition policière. Tous ses biens furent saisis.

Il avait trop compté sur la chance et sur la discrétion de certains clients. Il ne sauva de la mésaventure que son argent sonnant, une modeste somme qu'il avait eu la sagesse de déposer chez un ami.

Son commerce n'avait jamais été très prospère. Il avait fonctionné rondement, mais sans grand profit. La somme qu'avait épargnée Gonzague était mince. Il vécut de petits travaux, mais cela ne pouvait durer. Bourgeois, il aimait vivre à l'aise. Il avait besoin de se trouver pour de bon une situation confortable.

Il trouva vite son affaire.

Comment il parvint à épouser la veuve Robiney, cela reste un mystère pour plusieurs. On suppose qu'il eut recours à la sorcellerie, car on sait qu'il pratiquait un peu ces sciences occultes.

Autrement, comment expliquer que la vieille Robiney, héritière d'une fortune, en deuil récent de son époux Sylvestre, soit tombée amoureuse de ce petit homme? Il était sympathique, Gonzague, mais il n'avait aucun charme particulier, aucun prestige.

En cherchant bien, on trouve des explications à ce mystère. Par exemple, il est certain que Gonzague connaissait déjà le couple Robiney. Sylvestre Robiney n'avait pas construit sa fortune sur l'honnêteté. Au début de sa carrière, on peut supposer qu'il eut recours à des associés sans scrupule pour réussir des affaires... délicates. Oserons-nous dire «des escrocs»? Gonzague Préjudice était l'un de ces personnages. Bien que ces affaires ne l'enrichirent pas, Gonzague sut profiter de la situation et s'imposer chez les Robiney. Sylvestre Robiney dut s'habituer à l'admettre dans sa maison, les soirs où Gonzague s'invitait à dîner.

Une fois dans la place, Gonzague découvrit qu'il avait une lointaine parenté avec madame Robiney. C'était une femme courte et opulente, très crédule. Gonzague devina un point faible: la dame croyait au spiritisme et à la divination. Cartomanciennes et diseuses de bonne aventure la faisaient dépenser beaucoup. Elle s'y laissait prendre à chaque fois. Son mari tentait en vain de la raisonner.

Gonzague avait un pied dans la place. Prévoyant, il pensa à préparer le terrain. Il raconta à madame Robiney qu'il s'y connaissait en sciences occultes et qu'il parlait quelquefois avec les esprits. Il n'en dit pas plus et laissa venir les événements.

Donc, quand vint le malheur, Gonzague sut où regarder. Il élabora un plan très rusé. Les circonstances étaient favorables: Robiney était mort récemment. Le vieux n'avait pas d'enfants, vu qu'«Allah l'avait affligé d'une paire d'œufs froids à faire pitié», comme le dit un conte des *Mille et Une Nuits*. Sylvestre Robiney laissait donc son épouse comme seule héritière.

Gonzague décida d'épouser la fortune et l'héritière qui allait avec. Une nuit d'orage, il l'invita à une séance de spiritisme en lui promettant de la mettre en contact avec son mari décédé. Dans la noirceur, un ventriloque complice de Gonzague se fit passer pour le défunt. Il la persuada d'épouser Gonzague, grand ami de la famille: il saurait protéger ses vieux jours et éloigner les profiteurs.

La tromperie était grosse. Elle passa

facilement. Gonzague Préjudice et Tendresse Robiney se marièrent dès que fut finie la période de deuil.

• • •

Nous ne raconterons pas en détail ce que fut ce mariage pour Gonzague. Ce célibataire endurci avait ses habitudes bien aimées. Elles furent toutes chambardées. Tendresse lui fit renoncer à toutes ses libertés et à tous ses plaisirs, sans jamais paraître exiger quoi que ce soit. Ce fut un calvaire. Le pauvre homme devint très amer. Il en vint à la détester. Cela dura onze ans.

Je ne serais pas surpris si on me prouvait que, vers la fin, il l'aida à mourir en l'empoisonnant peu à peu.

Le décès de madame Préjudice fut une délivrance. Gonzague se réjouit tant qu'il lui acheta une grande pierre tombale en marbre, un monument qui faisait trois mètres de haut sur un de large. Très ornée, la pierre portait une épitaphe gravée en lettres dorées et une élégie plutôt hypocrite. Par-dessus le marché, il lui offrit presque une montagne de fleurs: des couronnes, des gerbes, des croix. Il comptait se repayer avec l'héritage.

Le notaire arriva. Il était grand, sec, morose; il s'appelait maître Guilleret. Il avait gardé le contrôle sur la fortune de madame Tendresse depuis le décès de son premier mari. Gonzague n'avait jamais pu voir les chiffres de cette fortune qu'il convoitait. «Laissez cela à maître Guilleret», lui avait souvent répondu Tendresse. Durant onze ans, Gonzague avait vécu avec l'idée d'une vaste fortune.

Disons tout de suite qu'il fut déçu. Exagérée par la rumeur, mal gérée, achevée par les folles dépenses funéraires, la fortune se réduisait à presque rien. À sa mort, madame Préjudice ne laissait que sa vieille résidence (belle mais en mauvais état), des meubles usés et des bijoux.

Beaucoup d'argent avait servi à acheter de superbes joyaux que Sylvestre Robiney, le premier mari, avait offert à Tendresse. À eux seuls, ces bijoux si précieux auraient bien récompensé la patience de Gonzague Préjudice. Si on les avait retrouvés...

On ne les retrouva pas. Gonzague fouilla la résidence du haut en bas. Il démonta chaque meuble. Il décousit chaque rembourrure. Il sonda les murs, les planchers et les plafonds. Il scruta chaque lettre, chaque document. En vain.

Il songea au suicide. Mais, après une longue réflexion, Gonzague eut une révélation. La vérité lui apparut telle que rapportée au début de ce récit: «La garce! Elle s'est fait enterrer avec ses bijoux!»

C'est ainsi que nous retrouvons l'homme, en cette soirée sombre et pluvieuse, en route vers le cimetière de Neubourg. Il comptait bien rendre, à sa façon, un dernier hommage à sa tendre épouse.

Plus il pensait à l'affaire, plus il était convaincu qu'il ne se trompait pas. Il était certain que Tendresse s'était fait enterrer avec ses joyaux. Par exemple, elle avait insisté très fort pour être mise en terre avec une certaine robe. Cette robe, elle l'avait fait tailler exprès pour cette occasion, ayant senti venir la mort. D'un vert sombre, elle était ornée d'une quantité de broderies, de dentelles – si elles avaient été blanches, on aurait dit une robe de mariée. Sous le couvert de ces ornements de mauvais goût, tant de choses pouvaient se dissimuler dans un ourlet, sous une doublure. En particulier des pierres précieuses.

Les lampadaires étaient de plus en plus clairsemés à mesure que la bagnole gagnait la banlieue. De rares lumières brillaient aux fenêtres des maisons. Le bon peuple se mettait déjà au lit. Puis ce fut la campagne, ou presque. Les phares de la voiture étaient les seules lumières visibles dans la nuit.

Sous la pluie qui ne cessait de tomber, Gonzague aperçut enfin les grilles du cimetière. L'homme dépassa l'entrée, longea le mur jusqu'à un angle. Là, il tourna dans un chemin boueux qui longeait le côté du cimetière. À peu de distance, il arrêta son moteur, qui ne demandait pas mieux.

Gonzague mit pied à terre. Il ne se souciait pas de la boue, il avait chaussé de hautes bottes. Ouvrant le coffre, il prit un fanal, une pelle, une pioche. Il les envoya de l'autre côté du mur. Il avait stationné la voiture tout contre la muraille. Gonzague grimpa sur un pare-chocs, puis sur une aile qu'il sentit s'enfoncer sous son poids. Il se hissa sur le sommet du mur.

Tout était sombre autour de lui, car il avait pris la précaution d'éteindre les phares. On ne distinguait rien dans les ténèbres. On aurait eu la même sensation au fond d'une mine.

L'homme se laissa glisser au bas du mur. Il retrouva ses outils en tâtant du bout du pied. Malgré la noirceur, Gonzague n'eut aucune difficulté à trouver son chemin. Ces derniers jours, il était venu souvent au cimetière, portant divers déguisements. Il s'était promené plusieurs heures pour bien mémoriser le trajet à suivre entre le mur et la tombe de sa bien-aimée. Il lui suffisait de rester sur les allées de gravier et de compter les pas dans sa tête.

Il n'était pas troublé par la présence de tant de morts autour de lui. Tous ces gens étaient enfouis sous terre et se décomposaient tranquillement. Quant aux esprits, Gonzague portait un talisman qui le protégeait contre leur malveillance. Il le tenait d'un ami sorcier, qui possédait divers objets aux vertus magiques. Non, l'angoisse qui tourmentait le visiteur nocturne, c'était celle qui étreint tout homme craignant d'être surpris en flagrant délit.

L'homme marchait calmement, d'un pas mesuré, concentré sur son itinéraire, attentif au silence de la nuit. Le gravier humide crissait légèrement sous ses pas.

Son itinéraire le mena à la tombe de la chère défunte. À tâtons, il reconnut le grand monument de marbre qu'il avait fait ériger à la mémoire de son épouse. Il déposa ses outils et alluma son fanal de camping. Il pouvait le faire sans trop de risques, car une haie le masquait. Le gardien du cimetière ne verrait rien s'il regardait par les fenêtres de sa maison. Sans doute dormait-il, de toute façon.

La pluie tombait presque sans interruption depuis quelques jours. Elle avait amolli le terrain. La terre était meuble et se creusait facilement, les pelletées étaient lourdes et grasses. L'homme se concentrait pour chasser l'angoisse qui le guettait. Les pelletées rendaient un son mat et étouffé. Seul résonnait un tintement, parfois, quand la pelle heurtait le socle du monument.

Lorsque le trou atteignit près d'un mètre, Gonzague dut y descendre pour continuer son travail. Les bords de la fosse s'effritaient sous la pluie, produisant parfois de petits glissements de terre.

De temps à autre, l'homme s'arrêtait pour souffler, guère habitué à ce genre d'effort. Il fallait creuser un trou plus large que les dimensions réelles du cercueil, pour ménager un espace libre à côté, de façon à pouvoir rabattre le couvercle.

À mesure que le trou devenait profond, Gonzague devait faire des efforts de plus en plus grands pour jeter la terre en dehors. Il fallait l'envoyer assez loin, sinon elle retombait dans la fosse.

C'était une corvée beaucoup plus épuisante que Gonzague ne l'avait prévu. La pluie érodait les parois de la fosse et faisait glisser la terre au fond. Mais la pelle heurta finalement une surface dure: le cercueil.

L'homme dégagea la bière, à la lueur du fanal qu'il avait descendu. Il se rendit compte qu'il n'avait pas creusé exactement au bon endroit. Une partie du cercueil était encore enfouie. Il fallait donc agrandir le trou vers le monument funéraire. Gonzague fulminait.

Il pelleta comme un enragé. Il ne se souciait plus du bruit de l'outil qui heurtait le socle de la pierre tombale.

Enfin, le cercueil fut dégagé. Le pilleur entreprit de dévisser le couvercle avec un tournevis. Il pensait à la morte qui était là, sous cette planche de bois qu'il allait bientôt enlever.

Il fallait encore un pied-de-biche pour soulever le couvercle retenu par une vis coincé et collé par l'humidité. Gonzague craignait la vision qui l'attendait. Il espérait que le corps serait encore assez bien conservé et qu'il ne sentirait pas trop, après deux semaines. Il eut une dernière hésitation, puis rabattit le couvercle.

La morte était enveloppée dans un linceul, forme pâle et troublante sous la lumière du fanal. La terre, qui ne cessait de tomber, ne tarda pas à salir cette blancheur. Une vague odeur de pourriture, encore faible, se dégageait de la tombe.

D'une main hésitante, l'homme écarta le drap mortuaire. Le cadavre était là, vêtu de la robe qui cachait les bijoux. Le visage était un peu racorni, mais pas tout à fait horrible à voir. Gonzague évitait de le regarder. Autour de lui, la terre continuait de débouler: de minuscules avalanches qui souillaient la robe de la morte et les coussins de satin.

Les doigts tremblants, le profanateur se mit à tâter les parures du vêtement, à la recherche du trésor. Pour ne pas songer à l'horreur de la situation, il pestait contre cette femme ingrate. Elle ne lui avait rien laissé, alors qu'il lui avait acheté un monument en marbre, superbement gravé, une pierre dont le coût était égal à son poids énorme.

Un grand glissement se fit, avec un chuintement de vase. Gonzague leva la tête et vit une masse sombre qui s'abattait sur lui.

• • •

Le lendemain matin, les employés du cimetière virent que la sépulture de madame Robiney-Préjudice avait été profanée. Des tas de terre entouraient la fosse. La grande pierre tombale y avait basculé, pour être ensuite recouverte par la boue entraînée par la pluie.

Il fallut dix hommes pour remonter le monument. Dessous, on trouva Gonzague Préjudice, mort étouffé, écrasé sur le cercueil ouvert, englué de vase. Il avait un bras glissé sous le corps de la morte. Son visage était collé à celui de la défunte, comme pour un baiser d'adieu. Quant à Tendresse, on aurait dit qu'elle avait un sourire, un petit sourire ironique, fort peu convenable pour une morte.

Et les bijoux? Cela ne pouvait consoler Gonzague, puisqu'il était mort, mais il avait eu raison en devinant que son épouse les avait emportés dans la tombe. Par malheur, la tombe avait été pillée une semaine après l'enterrement, par des voleurs plus habiles dans ce genre de besogne.

Le canal

Tu rêves près des ondes
Et tu tires des mers bien des choses qui sont
Sous les vagues profondes!
(Victor Hugo, *Les contemplations*)

La ville était depuis un certain temps affligée par une vague de suicides, survenus dans un faubourg de sinistre réputation. Plus précisément, les décès avaient tous eu lieu rue du Canal, et les suicidés avaient été repêchés *dans* le canal. La fréquence et la similitude de ces morts étaient intrigantes. C'est pourquoi l'inspecteur Grimal avait été chargé d'enquêter. Les suicides avaient un autre point en commun, moins insolite celui-là: ils étaient tous survenus des jours nuageux ou pluvieux.

C'est justement par une de ces journées mornes que Grimal entreprit son enquête. Le ciel était gris, d'un gris opaque et triste – si triste, du reste, qu'il en pleurait: il bruinait, d'une bruine glacée, agaçante. Le vent collait à la peau les vêtements mouillés et transissait les gens jusqu'à la moelle.

L'enquête de Grimal fut vaine. Des témoins interrogés au hasard, sans intention précise, n'apportaient rien de neuf. Du reste, nul besoin d'enquêter: il suffisait de marcher rue du Canal pour comprendre la raison de tous ces suicides.

C'était une rue étroite, bordée d'un côté par la voie navigable, de l'autre par des maisons. Cette voie d'eau, qu'on nommait simplement «le Canal», marquait la limite sud du faubourg Saint-Imnestre. Il avait autrefois été une petite rivière. Des barges y circulaient maintenant, amenant au port le minerai extrait des mines situées à quelques kilomètres de la ville.

De l'autre côté du canal commençait la campagne, plate et morne, noyée dans la bruine. La monotonie de cette vaste plaine n'était rompue, çà et là, que par quelques fermes aux bâtiments isolés, et par quelques arbres, victimes prochaines des bourrasques d'automne.

Le canal lui-même, coulant entre deux murs de pierre moussue, était rempli d'une eau froide et noire, sombre miroir où le reflet du ciel gris était troublé par les gouttelettes de pluie. S'appuyant à un lampadaire enraciné dans le parapet, l'inspecteur Grimal regarda une fois de plus la rue. Tout y était gris et terne. Les maisons, de bois ou de pierre, y étaient délabrées. Fenêtres sales, carreaux fendus, rideaux gris de suie, portes bancales, tout cela suait la misère des gens qui y habitaient. De quelques cheminées s'échappait une maigre fumée. On entendait un chien japper avec une obstination lancinante.

Telle était la rue du Canal. Comment s'étonner, alors, qu'il y eût tant de suicides? Il ne fallait pas chercher plus loin. Le plus étrange était que cette vague de suicides n'ait pas commencé plus tôt.

À l'observation, on notait que certaines façades étaient ornées de guirlandes, de fleurs de papier, de lanternes chinoises, les restes peut-être d'une fête passée, vaines tentatives d'égayer la mélancolie des lieux. Là-dessus aussi, la tristesse avait mis son voile gris: couleurs vives et fraîches, lumières gaies, tout cela s'était vite mué en des teintes passées, se confondant avec la grisaille de la rue.

Il y avait cependant, en cette rue du Canal, deux endroits qui se distinguaient et que l'observateur attentif pouvait découvrir. Derrière une palissade tapissée de lambeaux d'affiches, on apercevait entre deux planches disjointes un magnifique jardin, rafraîchi par la pluie, un jardin où l'herbe était encore verte, où les massifs floraux étaient entretenus avec amour, où les arbres étaient à peine touchés par la rouille de l'automne proche. Et il y avait des fleurs... oui, encore des fleurs malgré la saison avancée, souvenir de floraisons exubérantes qui devaient y éclater au printemps. Et il y avait des oiseaux, dont on n'entendait le chant que si, attentivement, on collait l'oreille sur la fente de la palissade. Écouter ces oiseaux, c'était presque commettre un vol car leurs trilles semblaient réservés à l'espace clos de ce petit éden.

Près de là, par une fenêtre plus propre que les autres, entre des draperies d'étoffe riche mal fermées, on apercevait une autre scène de prospérité. C'était un intérieur somptueux: épais tapis, meubles de bois précieux, tableaux aux murs, argenterie et cristal, ivoire et porcelaine. Dans la cheminée, un grand feu de bûches; au plafond, un lustre scintillant. On imaginait volontiers rires et musique dans cet intérieur bourgeois. Mais la fenêtre avait des barreaux de fer forgé, et la palissade du jardin était surmontée de barbelés, de sorte que les passants ne pouvaient qu'y jeter des regards envieux.

Ces passants avaient la couleur et l'aspect de la rue. Leurs vêtements étaient ternes, leurs visages hâves et falots. La lassitude se lisait sur leurs traits, leur bouche amère disait leur tristesse, leurs yeux cernés trahissaient la misère. Ils marchaient mais n'allaient nulle part.

L'inspecteur Grimal, toujours adossé à son lampadaire, un pied sur le parapet, tourna la tête et laissa errer son regard sur la campagne. Il ne pouvait le savoir, mais son visage déjà peu souriant avait acquis la morne expression des gens de cette rue.

La rue du Canal, n'était-ce pas la vie? Absurde et moche, avec des gens qui ne savaient pas où ils allaient ni pourquoi ils marchaient. Pourquoi continuer à traîner une vie sans lumière, alors que le canal était si proche? Il n'y avait, entre la rue et l'eau, qu'un petit parapet de pierre, haut d'un demi-mètre à peine, un obstacle dérisoire.

Ainsi vaguaient les pensées de l'inspecteur tandis qu'il regardait l'eau du canal. L'eau... Eau noire et froide, qui lentement coulait vers la Paskédiac; de la rivière au fleuve, et du fleuve au golfe, ouvert sur la mer. La Mer! Grimal avait toujours été fasciné par la mer. Il y rêvait depuis son enfance, mais n'avait jamais eu l'occasion d'y aller.

La mer, dont les images lui apparaissaient maintenant dans les profondeurs du canal, illustration des songes qui le hantaient. Il voyait une prairie s'étendant jusqu'à une falaise blanche, immense sous un ciel infiniment bleu. Autour d'un phare, des mouettes planaient immobiles. Phare lointain, tour orgueilleuse; au sommet, une vaste salle circulaire aux parois de verre. Là se trouvait, vareuse et casquette noire, un vieil homme au visage buriné, encadré d'une courte barbe grise, éclairé par des regards bleus, à la fois tendres et farouches. Vieux marin, vieil homme de la mer, parle-moi de tes voyages, des grands voiliers aux mâts immenses, aux voiles gonflées, nefs fières et puissantes. Dis-moi les secrets de l'océan, la gloire des rois de la mer et des dieux qui y règnent, Nérée, Triton, Neptune, Poséidon, Ulmo et Ossë. Raconte-moi l'Atlantide aux palais de nacre, la cité d'Ys engloutie sous les flots. Montre-moi les trésors fabuleux enfouis dans tes épaves: les galions héroïques et les antiques galères. Évoque les sombres profondeurs, les eaux denses et silencieuses, peuplées de monstres. Décris-moi les hauts fonds de sable blanc et les coraux où chatoient les poissons, où poussent des fleurs transparentes. Parle-moi des êtres qui sont tapis dans les grottes, parle-moi de ceux que les hautes marées rejettent sur les plages, hideux et mou. Raconte-moi les vaisseaux fantômes qui voguent, silencieux dans la brume et phosphorescents sous la lune. Évoque les poulpes qui s'agitent à l'appel des sorciers et les tempêtes que réveillent les magiciens. Dis-moi le vent qui soulève les embruns, les vagues qui se brisent sur les récifs, l'eau verte et l'herbe bleue des lagons, les perles, les étoiles et les conques. Conte-moi mille légendes de la mer, les aventures des marins jadis.

Dans l'eau sombre du canal, un large visage regardait Grimal et lui souriait. C'était celui du vieil homme dans le phare. Ses yeux l'appelaient et ses lèvres bougeaient, pour dire les merveilles et les secrets de l'océan. Mais, d'où il était, l'inspecteur n'entendait rien.

Ce visage, reconnut-il, était le sien propre, en plus âgé. Ce vieil homme, au fond de l'eau, au sommet du phare, c'était lui-même.

Rue du Canal, ennui, tristesse et désespoir. Dans l'eau du canal, des images et des promesses, images de blonds rivages, de falaises sans fin, de goélands dans le ciel limpide, la mer à perte de vue; promesse de soleil et de vent doux, de lumière et de bonheur. Canal si proche et invitant, route vers la mer tant désirée.

Ne sachant pas nager, l'inspecteur Grimal sauta dans l'eau glacée.

• • •

Sur une falaise blanche se dresse un phare qui domine la côte. Un homme y vit, ami de la mer et connaissant tous ses secrets, parlant au vent et aux vagues.

Tant que la mer sera...

Ceux qui peuplent le ciel

Une vaste, une immense plaine verdoyante. Un ciel limpide, d'un bleu agressif. Cette journée ensoleillée mettrait la joie dans le cœur du plus sombre pessimiste. Et pourtant, j'y suis terrifié, au bord de la folie. Moi qui n'aime que la pénombre des lieux bien clos, la sécurité des caves profondes, comment me suis-je retrouvé dans cette prairie? Le soleil est de plomb, impitoyable pour ma tête découverte, cruel pour mes yeux nus.

J'étais douillettement installé dans la fraîcheur de mon salon, rideaux bien tirés devant les soupiraux du sous-sol que j'habite. Cahier sur les genoux et violon à portée de la main, je composais ma musique à la lueur de ma lampe. Belle lampe au globe tiffany, l'un des petits astres domestiques qui remplacent dans mon univers l'hideux éclat du soleil.

Dans cet appartement aux murs tapissés de lourdes draperies, au sol couvert d'un épais tapis, ne pénètrent ni les bruits affolants de la ville, ni l'odieuse lumière du monde extérieur. Antre secret et fermé, bibelots choisis et livres rangés.

Chambre funéraire aux couleurs tièdes. Trophées pendus aux plafonds, icônes fixées aux murs. Encens lourd, odeur de cire. Chandelles blanches et lisses, bougeoirs de cristal que je promène en l'air. Lampes vertes, flammes roses suspendus dans le temps des soirs fastes. Phare, coquillages, voiliers: la mer sur une étagère. Fleurs de verre aux pétales sphériques et creux, remplis de sève ambre et or, où chatoient les reflets dont j'ordonne les jeux. Ombres mouvantes, riches et nuancées.

Royaume de ma solitude où je marie musique et couleurs.

Création: mon esprit erre jour et nuit et les pages se couvrent de fines écritures.

Lectures achevées, rêves consignés. Je crée des mondes qui sont miens et j'y règne comme en ma chambre. Je vis dans l'ombre, tel un mort, avec pour toute compagnie un esprit qui rôde insaisissable, qui hante ma vie secrète et la trouble de souvenirs doux-amers.

Or aujourd'hui s'est ouverte sous la cheminée, au-delà des tisons noircis, une petite porte insoupçonnée. Je me suis engagé, bougie en main, dans les profondeurs attirantes qu'elle dévoilait. Après quelques marches de pierre, un tunnel s'allongeait, obscur. Je l'ai suivi, savourant l'épaisseur du silence et la densité des ténèbres. La galerie était assez courte et, au bout de quelques minutes, j'arrivai à un escalier qui montait jusqu'à une trappe découpée dans le plafond.

Et je me retrouve ici, en plein champ, agressé par l'insoutenable soleil. La trappe, lourde comme une dalle funéraire, s'est refermée derrière moi; elle coupe toute retraite vers la sécurité souterraine. Comment un si court tunnel a-t-il pu me mener en un instant du cœur de la ville jusqu'au centre de cette plaine? Qui m'a tendu cet affreux guet-apens? Qui a ouvert dans ma cave la porte de ce piège?

Mes yeux irrités s'habituent un peu à l'odieuse lumière du jour.

Je suis naufragé. Ici, rien ne m'est familier. Au-dessus de moi, c'est le vide. Qui ou quoi se cache dans le bleu angoissant du ciel? Que dissimule cette limpidité? Tout peut surgir de là et descendre me frapper, moi découvert et si vulnérable au centre de cette prairie.

On me surveille de là-haut, je le sais. Je suis livré à l'attention mauvaise de ces êtres intangibles. Ils peuplent le vide, ils ne vivent que d'air et de lumière.

Fuir.

Vers où?

Vers où courir pour rejoindre l'abri d'une chétive cabane, le couvert d'une forêt ou même l'ombre d'un arbre? Pas un souffle de vent, rien qu'un calme lumineux et affolant. Pas un nuage pour isoler la Terre du vide qui l'entoure.

Une bouffée d'espoir: là-bas, très loin dans la prairie, se dressent les bâtiments d'une ferme entourée de quelques arbres. Refuge béni; je m'élance.

Mais aurai-je le temps de m'y rendre avant que, là-haut, on remarque ma présence? À tout moment je puis être foudroyé par des dieux en colère ou par des entités plus redoutables encore. Ma course est entravée par ces hautes herbes. La chaleur est suffocante. Et l'odeur aigre de ces broussailles! Et ces insectes affolants qui surgissent de partout!

Je n'avance que trop lentement. Comme dans un cauchemar, cette lenteur s'aggrave à mesure que j'approche du but. De plus en plus je sens sur mes épaules la menace de ces présences qui m'épient. Elles existent, oui, elles existent, ces entités sans corps et sans chair. Elles peuplent le ciel, invisibles, insoupçonnées de l'humanité. Elles espionnent sans relâche les actes de ceux qui fourmillent au ras du sol. On n'échappe à leur regard qu'en vivant dans des maisons aux fenêtres occultées et en ne sortant que par temps couvert, lorsque les nuages nous protègent un peu de leur malveillance.

Soudain, là, devant moi, surgissant du ciel, une forme transparente et quasi invisible... Aussi subtile qu'un gaz ou qu'une flamme, une forme issue de l'air même du ciel... C'est une main, une main immense, intangible mais horriblement réelle, une main qui descend vers moi et dont les doigts gigantesques se préparent à me saisir et à m'enlever...

Une douleur nouvelle

Le soleil n'était qu'un point éblouissant, d'une blancheur électrique, d'où rayonnaient des glaçons de lumière. Sous un ciel bleu qui virait à l'indigo, il semblait figé dans une tentative de se poser sur le paysage, tant il était bas au-dessus de l'horizon.

Un horizon en dents de scie, où il n'y avait pas un kilomètre de ligne plate: des pics et des pics, une chaîne de montagnes aiguës dont les cimes se tordaient comme de la meringue où un cuisinier maniaque se serait amusé à soulever des pointes avec sa fourchette. Des pointes de roc, mauves et lavande, chacune différente de toutes les autres, avec des neiges éternelles sur les versants condamnés à l'ombre.

Il devait y avoir une base à ces montagnes, un massif, mais la mer de nuages cachait tout, une mer blanche avec ses vagues d'ouate et son écume de vapeur. Dans les creux de cette surface, les nuages avaient une nuance inédite, inconnue sur terre, une sublime nuance pastel qui n'était ni rose, ni lavande, ni azur.

Un hors-bord passa, si proche que le bruit de son moteur déchira le voile musical et ramena Anne-Lise sur son pédalo, bientôt ballotté par les vagues du sillage.

C'était un chaud après-midi de juin, sans nuage et presque sans vent. Anne-Lise flottait au milieu du lac, un lac d'assez bonne dimension où les amateurs de planche à voile pouvaient filer sans craindre la proximité des rives. Et où les pilotes de hors-bord pouvaient faire de la vitesse.

Anne-Lise, elle, aimait les embarcations plus lentes et plus stables, celles où on ne risque pas de se mouiller si on ne le veut pas: elle prenait un bain de soleil sur son pédalo...

De temps à autre, elle se levait et piquait dans l'eau froide un plongeon qui faisait osciller l'embarcation comme un jouet. Excellente nageuse malgré ses vingt kilos en trop, elle décrivait de grands cercles autour du pédalo, puis revenait s'y asseoir. Elle s'enduisait à nouveau d'un écran solaire, car elle se trouvait suffisamment brune et ne voulait pas dépasser sa dose d'ultraviolets. Une belle nuance café au lait – avec pas mal de lait – c'est le teint qui lui convenait. Elle avait horreur des peaux blanches.

De toute façon, pour ce que ça changeait...

Anne-Lise renversa la tête et ne laissa qu'une mince fente entre ses paupières pour contempler les monts autour du lac. Ces reliefs arrondis, à l'altitude bien modeste, ne méritaient guère le nom de montagnes – du moins pas dans cette région-là des Laurentides. Aucune n'était assez haute pour faire de l'ombre sur le lac, hormis à la première et à la dernière heure du jour. Rien à voir avec le paysage glacé qu'Anne-Lise contemplait à l'instant, de son observatoire intérieur.

Elle portait un baladeur, Anne-Lise, écoutant des cassettes de chant grégorien camouflées dans les boîtiers des succès populaires de l'heure. Elle n'en parlait pas trop, de son goût pour cette musique remontant au Moyen Âge ou pour les improvisations méditatives aux grandes orgues. Ça faisait sourire la plupart des gens, quand ils ne se moquaient pas carrément d'elle. Pourtant, c'était la seule musique qui la faisait lever, ou du moins partir.

En réalité, elle ne partait pas, d'ailleurs. La rive du lac, avec ses petits chalets de tous les styles, n'avait jamais cessé d'être visible, et les yeux d'Anne-Lise ne s'étaient pas fermés. Simplement, elle voyait autre chose, un autre lieu, sur un écran de cinéma mental déployé à même la face interne de son front. Et ça la captivait pas mal plus que la réalité.

La réalité où les petites filles risquaient de se faire faucher par les autos au bord de la route.

C'était l'an dernier, vers la fin de l'été. Ce matin-là, Anne-Lise avait mal à la main, comme une vieille personne arthritique. La main gauche, heureusement: ça la handicapait moins. C'était venu très graduellement: tout à coup, Anne-Lise s'était rendu compte qu'elle avait mal depuis un bon moment. Elle était en train de nettoyer l'intérieur de sa voiture, une corvée qu'elle remettait de semaine en semaine depuis des mois.

Inquiète, elle était sortie de la voiture à reculons; la douleur des élancements devenait aiguë. Anne-Lise avait regardé la route qui venait du village. Des reflets métalliques avaient attiré son attention vers le sommet de la côte: une meute de cyclistes dévalait la pente, pas tous en file. Une voiture suivait, son chauffeur attendant l'occasion de les doubler.

Étaient-ce les cyclistes, qui étaient en péril?

— Vous voulez des bleuets?

Anne-Lise ne les avait pas vues, celles-là. Deux fillettes, dont l'une était son insupportable voisine. Elles marchaient sur le gravier de l'accotement, de l'autre côté de la route par rapport aux cyclistes.

— Oui, venez ici, cria Anne-Lise en se maîtrisant pour ne pas grimacer de douleur. Je vais vous en acheter.

Normalement, elle n'en aurait pas voulu, de ces bleuets; elle savait qu'ils seraient minuscules, avec un goût âcre.

La voiture doublait les cyclistes qui prenaient trop de place, l'obligeant à rouler presque entière sur l'autre voie. Au même moment, une deuxième voiture, venant en sens inverse, sortait de la longue courbe. Son chauffeur braqua, roula à demi sur le gravier, juste en face de chez Anne-Lise.

Les fillettes étaient hors de danger, s'étant engagées dans l'allée qui menait chez Anne-Lise. Derrière elles, il y eut une clameur de klaxons, un nuage de poussière, une mitraille de gravier soulevé... et l'instant passa.

Les vélos défilèrent dans un bruissement de chaînes bien huilées, quelques cyclistes s'exclamant un peu tard au sujet de l'accident qui venait d'être évité de justesse – la collision des deux autos, pas la mort des deux fillettes. Cet accident-là, Anne-Lise était la seule à savoir qu'il venait d'être évité.

Après avoir examiné les bleuets, elle avait refusé d'en prendre: il y avait plein de petites feuilles et de brindilles parmi les baies. Les fillettes étaient reparties de mauvaise humeur.

Anne-Lise, elle, n'avait plus mal à la main.

• • •

Les montagnes aux pics tordus étaient toujours visibles, mais du sud cette fois, et peut-être en été.

On aurait dit un paysage chinois: monts et collines se succédant jusqu'à la cordillère, comme autant de vagues figées dans un matin humide. Au haut de chaque crête moutonnante, des arbres se profilaient sur la brume des vallons, forêt bleu-vert à l'avant-plan, virant au bleu-mauve vers les montagnes.

Jaillissant de ce relief comme des écueils de la mer, trois ou quatre immenses rochers, inclinés et tordus. Comme si le temps, qui avait érodé tout ce paysage, s'était heurté à eux et en avait fait le tour, un granit plus dur que les siècles. Des veines d'une couleur singulière couraient dans ce roc, filons d'un minéral peu commun.

Et sur le plus haut de ces rochers, une citadelle, comme un gâteau sur un plateau, avec un peu de verdure autour, des herbes et des buissons. Une citadelle dominant le paysage, imprenable, inaccessible, sauf par un chemin qui montait en s'enroulant autour du rocher tel le filet autour d'une vis.

La citadelle était faite de cette roche à la couleur sans nom, ni violette ni bleue, qui marbrait les rochers environnants. Une couleur splendide, dans la lumière du petit matin.

Un éblouissement effaça la vision: sur la rive proche, on venait d'ouvrir la porte vitrée d'un chalet, et le reflet du soleil avait atteint Anne-Lise en pleine face.

Son pédalo avait dérivé trop près de la berge. Paresseusement, la femme recommença à pédaler, mettant le cap sur le milieu du lac. La vision avait disparu, comme si on avait éteint un projecteur, même si le Requiem de Duruflé continuait de résonner dans les écouteurs d'Anne-Lise.

Longtemps elle avait cru que c'était normal, que tout le monde avait ces visions. Ce n'était que de l'imagination visuelle, des songes éveillés, le souvenir d'images ou de photos vues quelque part. C'est seulement adolescente, voilà vingt ans peut-être, qu'elle avait commencé à soupçonner la vérité. Quand un écrivain ou un artiste disait «je le vois dans ma tête», quand une amie imaginait le décor de ses fantasmes, quand un cinéaste visualisait la scène qu'il souhaitait filmer, ce n'était jamais autant qu'Anne-Lise. C'était probablement vague, flou, fragmentaire – ils n'avaient jamais la sensation *d'y être* vraiment.

Anne-Lise, elle, y était vraiment.

Pas juste devant un écran Imax qui se serait déployé derrière son front, immense malgré les dimensions restreintes de son crâne.

Non, elle s'y trouvait, et les lointains étaient loin, les hauteurs vertigineuses, les brises tièdes ou glaciales, l'air et la pesanteur prêts à recevoir Anne-Lise si elle avait pu s'élancer comme une mouette ou une suicidée.

Et il y avait toujours, dans ses visions, une couleur nouvelle, inexistante sur Terre ou dans l'univers connu. *Des* couleurs – car ce n'était pas toujours la même – des teintes impossibles à évoquer avec les mots du langage parlé. Cette incapacité à communiquer la beauté, Anne-Lise s'en était vite rendu compte après avoir tenté, quelquefois, d'expliquer qu'il manquait des couleurs au monde réel, et que dans sa tête elle en voyait plus, elle en voyait d'autres.

Anne-Lise avait cessé d'en parler à ses proches lorsqu'elle avait noté qu'on la regardait avec un drôle d'air. Elle s'était résignée à garder pour elle ses visions d'autres mondes et s'était mise à chercher les musiques les plus propices au phénomène.

C'était comme ses douleurs.

En face d'Anne-Lise, un ponton avançait tranquillement, son moteur à bas régime émettant un ronronnement cadencé. Deux couples d'âge mûr étaient assis à l'ombre de l'auvent, pantalons blancs et blouses pastel. L'un des vieux lui sourit et, avec humour, la salua en soulevant à demi son chapeau de paille claire. Avec sa grosse moustache blanche et ses mains tavelées de roux, il relança dans la mémoire d'Anne-Lise le manège des souvenirs.

C'était cinq ou six ans plus tôt, en sortant d'un wagon de métro, le wagon de queue. Une crampe avait saisi Anne-Lise, lui coupant le souffle une seconde. Quand ça la prenait, la certitude n'était pas toujours immédiate; mais, cette fois-là, pas de doute. Elle avait repéré tout de suite le vieil homme qui sortait sur le quai, deux wagons devant elle, et marchait posément vers une banquette proche. Il n'y avait pas grand-monde dans la station; les portes se refermaient déjà.

— Ça ne va pas? avait-elle demandé à l'homme tandis que la rame repartait.

— Non non, ça va, avait-il répondu en parvenant à lui faire un sourire.

Un sourire convaincant. Un autre passant n'aurait jamais deviné qu'il souffrait. Mais les cruelles douleurs dans le ventre d'Anne-Lise lui disaient bien qu'il mentait.

Toutefois, elle ne pouvait rien pour lui, pas directement. «Reposez-vous un moment», lui avait-elle conseillé, et elle s'était éloignée à la hâte vers les escaliers. Elle avait gravi l'escalier roulant à une vitesse qui lui était inhabituelle, et avait gagné la cabine du préposé au pas de charge.

— Appelez Urgences-Santé, il y a un homme qui fait un infarctus en bas.

Elle avait parlé fermement – peut-être même un ton plus haut que «fermement» – mais sans trahir de panique. Il n'aurait pas fallu que le changeur hésite, et il l'avait deviné en voyant le visage durci d'Anne-Lise. Ce qu'il ignorait, c'est qu'elle était crispée par sa propre douleur, plus que dans la perspective d'une discussion.

Elle avait repris son souffle en observant le changeur et en l'écoutant parler au téléphone. C'est seulement une fois rassurée sur sa diligence, qu'elle était repartie en direction des escaliers roulants. Le préposé ne l'avait pas suivie – elle n'en était guère étonnée.

Sur le quai, le vieil homme devait avoir surmonté ses premières douleurs car il se relevait et se remettait en marche.

— Vous devriez rester assis, attendre que ça passe, lui avait-elle lancé en s'approchant.

— Ça va, c'est passé, avait-il répliqué, oubliant qu'il avait, à l'instant, nié qu'il lui arrivait quelque chose.

Anne-Lise avait lentement marché à ses côtés, indécise, ne sachant que faire, se retenant de se plier en deux tant sa propre douleur était atroce. Il lui fallait prendre de grandes respirations, juste pour ne pas gémir.

L'homme avait pris place sur une des marches de l'escalier roulant et crispait des doigts blêmes sur la main-courante de caoutchouc. Lui aussi se retenait, et Anne-Lise soupçonnait qu'il se retenait de porter la main à sa poitrine, que l'infarctus devait remplir d'une sourde douleur.

Rendu en haut il avait trébuché et s'était laissé tomber sur les genoux, puis sur le côté. Le changeur, quand même sorti de sa cabine, s'était empressé d'aller ouvrir la barrière de métal et de verre, en prévision de l'arrivée des ambulanciers. Lesquels étaient apparus à ce moment, avec la grosse boîte orange de leur défibrillateur.

Le vieux n'était pas à terre depuis une minute.

Anne-Lise s'était éclipsée discrètement tandis qu'on s'agitait autour du malade. Ses propres douleurs s'atténuaient rapidement, et elle ne voulait pas avoir à expliquer comment elle avait pu appeler au secours *avant même* que l'infarctus se produise.

Lui avait-elle sauvé la vie? Le changeur aurait appelé 911 de toute façon en voyant le vieil homme s'effondrer au sommet des marches. Les ambulanciers seraient arrivés trois minutes plus tard qu'ils n'étaient vraiment arrivés. L'infarctus n'avait pas semblé critique, l'homme n'avait pas cessé de respirer.

Comment savoir?

• • •

C'était une steppe, peut-être un désert. Un pays plat, en tout cas, avec une végétation rare et vrillée. Violettes étaient les plantes, et bleues par endroits. Leurs feuilles n'en étaient pas, elles avaient l'air de carapaces d'insectes enfilées l'une dans l'autre. Leur tiges avaient l'apparence de longs accordéons courbés, ou de piles de coquilles plates. Et puis il y avait des cactus, ou des oursins de terre.

Mais l'avant-plan ne retenait pas l'attention longtemps. Ce qui dominait la vision, c'était le fabuleux palais blanc qui régnait sur le paysage. Blanc, mais avec une nuance exquise, visible seulement dans l'ombre des tours, des arcs-boutants et sur les pans de muraille qui échappaient au soleil.

Une nuance ineffable, trop délicate pour se laisser saisir par les mots.

Hautes étaient les tours, minces et pointues, avec un bulbe allongé à leur sommet. Des passerelles les reliaient, fragiles comme de l'ivoire mais plus blanches. Des terrasses s'avançaient en surplomb, au-dessus des cours et des remparts, les courbes de leurs appuis défiant la gravité. Des façades s'étiraient, nacrées, avec un pointillé de fenêtres étroites dont le nombre défiait tout décompte.

Et le tout si blanc qu'une aura de lumière reflétée masquait le bleu du ciel derrière le palais, et allégeait les ombres dans son enceinte même.

La musique s'éteignit, l'élégie terminée, et le baladeur s'arrêta avec un petit claquement sec. Le mirage s'estompa, seule un peu de sa lumière ineffable restait devant les yeux d'Anne-Lise, mêlée aux miroitements du soleil sur le lac.

Elle se demanda si d'autres personnes, dans le monde, partageaient avec elle le bonheur de ces visions prodigieuses.

Hors de question, bien sûr, d'arrêter tout le monde dans la rue avec une question aussi incongrue, ou de lancer un appel public. Pas plus qu'Anne-Lise ne pouvait parler de ses douleurs, sous peine d'être considérée avec la même ironie que s'attirent les voyantes et les prophètes.

Surtout qu'il n'y avait rien de démontrable. Il lui arrivait d'avoir des douleurs qui n'étaient liées à aucun pressentiment: des aigreurs d'estomac, des courbatures quand elle avait la grippe, comme tout le monde, ou des crampes lorsqu'elle était menstruée.

Mais parfois il y avait une personne en péril, ou sur le point de l'être. Pas souvent, mais le simple fait que ça lui arrivait faisait d'Anne-Lise une personne unique. Et solitaire.

Sur l'autre siège du pédalo, par exemple, cet après-midi, il aurait pu y avoir une amie ou un ami. Une personne avec qui converser. Mais comment Anne-Lise aurait-elle pu préférer le simple bavardage alors qu'un monde aux couleurs nouvelles était à portée de son esprit, au bout d'une heure de musique? Et, si le silence prévalait entre elle et son ami, comment aurait-elle pu s'évader vers cet autre monde en sachant qu'à son retour, elle ne pourrait en partager les merveilles, aucun mot ne parvenant à les évoquer?

Si même l'ami en question admettait sa sincérité sans la prendre pour une illuminée...

Illuminée, Anne-Lise l'était bien cet après-midi, mais surtout par les reflets du soleil sur le lac. Agacée d'avoir à constamment plisser les paupières, elle tira ses verres fumés de son sac et les mit, ce qui soulagea instantanément ses rétines irritées. Elle repêcha ensuite une nouvelle cassette, le Miserere d'Allegri dissimulé dans un boîtier des chansons de Michel Rivard.

Sur le lac, les véliplanchistes étaient un peu plus nombreux que tout à l'heure, arqués devant les couleurs criardes de leurs voiles – ces couleurs élémentaires qu'un ou deux mots banals parvenaient à décrire: vermillon, jaune, vert fluo...

Si net, si simple.

Pour Anne-Lise, le monde était un peu moins simple, un peu moins clair. Ses pressentiments lui arrivaient n'importe quand, n'importe comment. Des mois, des saisons pouvaient passer sans qu'elle ressente une de ses douleurs prémonitoires. Il y avait même eu une période, à l'approche de ses trente ans, où elle avait cru ne plus jamais en avoir: deux années s'étaient écoulées sans que le phénomène ne se produise. Ensuite c'était revenu, aussi irrégulier et imprévisible qu'avant.

Il y avait eu la fois où un mal de dent avait traversé sa mâchoire et sa tête comme une lance, une lance immatérielle, faite de pure douleur. Anne-Lise s'était ridiculisée en arrêtant sur le trottoir deux monitrices de garderie et leur ribambelle d'enfants, persuadée qu'un camion qui approchait allait échapper au contrôle de son chauffeur et monter sur le trottoir. Rien de tel ne s'était produit et Anne-Lise s'était retrouvée d'urgence, le soir même, sur la chaise d'un dentiste.

Puis il y avait les fois où Anne-Lise éprouvait une douleur et parvenait à la relier à une personne précise, mais où cette personne ne courait aucun danger visible. Les douleurs s'estompaient par la suite.

Et il y avait la fois où Anne-Lise n'avait rien pu faire.

C'était l'an dernier, à l'université, où Anne-Lise travaillait comme administratrice. C'était au bureau du registraire, où les étudiants venaient pour leurs inscriptions, leurs frais de scolarité, leurs notes et leurs diplômes. Anne-Lise avait observé un étudiant – vingt ans peut-être, beau garçon. En fait, elle ne l'aurait peut-être pas remarqué, si elle n'avait été mise en alerte par une douleur au coude – une de ces douleurs cuisantes provoquées par un coup qu'on se donne au coude, et où tout le nerf semble enflammé.

Le jeune homme paraissait malade, grippé sans doute, et il devait avoir la fièvre.

— Tu devrais aller à l'urgence, lui avait conseillé Anne Lise, et elle avait insisté.

Il avait fini par lui donner raison et, renonçant à attendre les papiers qu'il était venu chercher, il était parti en disant qu'il se rendait à un CLSC. Mais il n'en avait rien fait. Le mal avait continué de couver dans le bras d'Anne-Lise, jusqu'au soir, où il s'était interrompu sur une ultime et cruelle douleur, si intense qu'un vertige l'avait accompagnée.

Le surlendemain elle avait reconnu la photo de l'étudiant dans les pages intérieures d'un journal: il avait été victime de méningite, ayant trop tardé à se faire voir par un médecin, et avait trépassé une heure après son admission à l'hôpital en fin de soirée. On incitait les gens ayant été en contact avec lui à aller se faire vacciner – un conseil qu'Anne-Lise avait suivi sans tarder, la gorge étreinte par l'émotion, avec dans la poitrine un ressentiment plus fort que jamais envers ce «don» maudit qui faisait de sa vie un perpétuel drame en instance.

• • •

C'était un spectacle fantastique. L'espace était divisé par une muraille minérale – non pas un mur de pierres, car c'était d'une seule pièce, trop grand et trop haut pour avoir été édifié de main d'homme, et pas davantage une cordillère, car c'était trop mince et trop vertical pour s'apparenter à des montagnes. Cela tenait plutôt de la falaise, une interminable falaise avec ses avancées et ses retraits, mais une falaise derrière laquelle ne se trouvaient ni plateau ni promontoire. Au-delà de cette falaise il n'y avait... qu'une autre falaise, adossée à la précédente et dominant l'autre côté, de sorte que l'épaisseur du roc entre les deux était modeste. Le sommet de ce rideau – car cela évoquait un rideau plus que toute autre chose – le sommet était irrégulier, incliné ou accidenté par endroits, plat par ailleurs. Ces zones plates fournissaient une bonne mesure de la largeur de ce formidable relief: la muraille en son sommet avait à peu près la largeur d'un grand champ ou d'un pré.

Il y aurait eu de la place pour une route, des grandes maisons et leur jardin de chaque côté.

Et il y **avait** *des maisons et une route... ou plutôt un chemin, car dans les nombreux endroits accidentés ce n'était guère qu'un sentier de montagne. Quant aux maisons, rapprochées en hameaux dans les sections plates, c'étaient de curieuses créations, avec quelque chose d'animal dans la forme des toits (évoquant des carapaces ou des huîtres), hérissées de pignons et de pointes retroussées, construites dans des tons de mauve et de violet.*

Les fenêtres y brillaient, une lueur jaune de lanterne, tandis que le ciel bleu outremer se constellait d'étoiles et de planètes. Une autre lueur venait d'en bas, du pied de la falaise qui n'était pas visible tant l'altitude était grande. Comme une lueur de volcan, un rougeoiement tel celui de la lave, mais ni rouge ni brune – une lueur qui, pour tout dire, était d'une couleur nouvelle.

Agacée, Anne-Lise chercha ses verres fumées dans son sac, puis se rappela qu'elle les avait déjà sur le nez. Comment se faisait-il, alors, que les miroitements du soleil sur le lac fussent si éblouissants? Sur les vaguelettes, la lumière se décomposait en une myriade de fragments, autant de pointes d'aiguilles sur les rétines irritées d'Anne-Lise. Assez pour lui donner mal à la tête, un curieux mal localisé derrière les globes oculaires, peut être le long des nerfs optiques.

Une douleur nouvelle.

Anne-Lise se redressa sur son siège, instantanément aux aguets.

Sur un lac, tant d'accidents pouvaient survenir. Un skieur nautique qui heurte une roche à fleur d'eau, une chaloupe qui se fait éperonner par un hors-bord, un canoë qui chavire avec des enfants à bord.

Ou un véliplanchiste...

Il y en avait justement un, dans le champ de vision immédiat d'Anne-Lise. Elle l'avait remarqué tout à l'heure, filant seul à une allure modérée. Anne-Lise ne s'y connaissait guère, mais le gars lui avait paru peu habile, un novice probablement. Peu habile en ce sens qu'il n'avait pas l'élégance et l'aisance apparente des experts, mais il se débrouillait correctement. Ce n'était pas la première fois qu'elle l'apercevait aujourd'hui. Son maillot était du même orange fluo que son gilet de sauvetage et que la diagonale qui traversait sa voile. Elle se rappelait avoir remarqué cet assortiment, plus tôt dans l'après-midi.

Maintenant, tandis qu'Anne-Lise se mettait à pédaler doucement en obliquant vers lui, le véliplanchiste tentait de redresser son mât et sa voile, tombés à l'eau. Mais la voile était pesante, alourdie par l'eau qu'elle avait embarquée, et le gars n'était pas assez costaud pour que son poids suffise à relever facilement le mât.

Deux ou trois fois, le gars laissa échapper la corde après avoir soulevé la voile d'un mètre ou moins. Était-il vraiment en danger? Son gilet de sauvetage semblait attaché et, sur sa planche, il n'était pas craintif comme l'aurait paru une personne ne sachant pas nager.

Toutefois la douleur se faisait toujours sentir, et Anne-Lise plissa les yeux malgré ses verres fumés, pour laisser entrer le moins possible de soleil. C'est que, par rapport au pédalo, le soleil était juste au-dessus du plaisancier, embrasant d'étincelles blanches toute l'eau autour de lui. Dans cet incendie glacé, le véliplanchiste n'était guère qu'une silhouette, longue et mince, le gilet de sauvetage lui faisant un torse singulièrement développé.

Il parvint à faire remonter davantage la voile, assez pour qu'elle commence à se vider de son eau. Mais, arqué par en arrière, il perdit l'équilibre et dut tout lâcher en tombant à la renverse dans un grand éclaboussement. Anne-Lise pédala plus vite.

Néanmoins le véliplanchiste remonta lestement sur sa planche, sans difficulté aucune. Anne-Lise était assez proche, maintenant, pour le reconnaître: un blond qu'elle se souvenait d'avoir aperçu, la semaine dernière, peut-être aussi la précédente, apprenant la technique avec un ami ou un instructeur..

Le mal de tête était en passe de devenir une migraine, une constante progression de la douleur, comme si une portion du cerveau d'Anne-Lise était dans la poigne d'une main de fer qui serrait de plus en plus fort. Elle se défit des écouteurs de son baladeur.

Les reflets du soleil, maintenant situés au-delà du véliplanchiste, miroitaient d'une teinte nouvelle, chaque étincelle blanche et mobile s'entourant d'un minuscule anneau de couleur – une couleur qui n'aurait pas dû exister en ce monde-ci...

Alarmée par ce détail inédit, cinglée par la douleur, Anne-Lise redoubla d'efforts, le corps arqué, une main crispée sur la barre du gouvernail, l'autre sur le bord de son siège. La roue à aubes faisait maintenant un bruit de moulin sous la coque du pédalo.

L'embarcation n'était plus qu'à une dizaine de mètres de la planche à voile. Le jeune homme, qui tournait le dos à Anne-Lise, parvint enfin à redresser son mât et sa voile ruisselante d'eau. Mais son effort le déséquilibra et il tomba de nouveau à la renverse. Sauf que cette fois le mât le suivit.

Anne-Lise entendit nettement le «bong» que fit l'aluminium en frappant la tête du véliplanchiste. Elle n'eut aucun doute, il venait d'être assommé; la voile, qui commençait à se remplir, lui maintenait la tête sous l'eau.

Anne-Lise, le crâne embrasé, était rendue sur place.

Elle se leva, les jambes flageolantes après leur effort olympique, tandis que l'embarcation continuait sur son erre. Anne-Lise alla prestement s'agenouiller à la proue du pédalo. Elle saisit la tête du mât à deux mains. En y mettant toutes ses forces, elle le souleva, décollant la voile de la surface du lac, et le repoussa à droite autant que possible. La tête du véliplanchiste refit surface, entre les épaules orange de son gilet.

Les yeux roulant dans leurs orbites, il retrouva ses esprits en toussant et en recrachant de l'eau. Il n'avait pas dû rester submergé dix secondes.

Jetant ses verres fumés sur le siège, Anne-Lise sauta à l'eau, toute douleur disparue, la tête soudainement légère comme une bouée. Les miroitements du soleil étaient redevenus blancs, la couleur nouvelle n'ayant été visible qu'un moment.

Anne-Lise rejoignit en deux brasses le jeune homme qui respirait à grandes goulées entrecoupées de toussotements.

— Ça va? lui demanda-t-elle en lui prenant un bras.

Il lui fit signe que oui, manifestement encore égaré. Elle lui tira le bras.

— Viens reprendre ton souffle.

Il ne se fit pas prier, mais parvint sans aide à se hisser sur le rebord arrière du pédalo, qui avait tourné, et à s'y asseoir. Anne-Lise resta à l'eau, tenant d'une main le bord de l'embarcation et de l'autre la tête du mât, pour que la planche à voile ne s'éloigne pas. Elle détaillait son rescapé, qui avait les yeux couleur de lac. Il s'avérait beaucoup plus jeune qu'elle ne l'avait cru, de loin, à cause de sa haute taille. Elle fut surprise de ressentir une toute petite déception, comme si une part d'elle-même, minuscule et discrète, avait souhaité sauver un bel homme de trente ans – tant qu'à sauver la vie à quelqu'un!

Elle dut lui expliquer ce qui s'était passé, le véliplanchiste avait vraiment perdu connaissance un instant et ne savait pas combien près de la mort il était passé. Il pouvait avoir seize ans, il était mignon dans son désarroi, même s'il aurait sans doute eu horreur d'entendre qu'on lui appliquait cet adjectif. Anne-Lise sentit naître une affection, toute différente de celle prévue – comme si, après une brève mort dans l'eau, il était né à nouveau, et que c'était elle, Anne-Lise, qui cette fois l'avait fait naître.

— Ça me revient, dit-il après un moment en se tâtant le sommet du crâne. Le coup sur la tête, je m'en souviens, j'ai vu toutes sortes de couleurs...

Il fronça les sourcils, comme si le souvenir qui lui en revenait était insolite

— Des couleurs bizarres, ajouta-t-il en regardant Anne-Lise.

Il eut un sourire incertain, comme gêné par l'absurdité de ce qu'il allait dire:

— Des couleurs qui n'existent pas...

DANS LA MÊME COLLECTION

À partir de 14 ans

1 PELLICULES-CITÉS
Jacques Lazure

2 UN JARDINIER POUR LES HOMMES
Nicole Labelle-Ruel

3 LOUPRECKA
Robert Martel

4 SIMON YOURM
Gaétan Lebœuf

5 NOCTURNES POUR JESSIE
Denis Côté

6 J'AI BESOIN DE PERSONNE
Reynald Cantin

7 VOL DE RÊVES
Paul de Grosbois

8 DES MILLIONS POUR UNE CHANSON
André Vanasse

9 CASSIOPÉE OU L'ÉTÉ POLONAIS
Michèle Marineau

10 L'ÉTÉ DES BALEINES
Michèle Marineau

11 LE DOMAINE DES SANS YEUX
Jacques Lazure

12 BOUDIN D'AIR
Gaétan Lebœuf

13 LE SECRET D'ÈVE
Reynald Cantin

14 LE CHOIX D'ÈVE
Reynald Cantin

15 SYLVETTE ET LES ADULTES
Paule Daveluy

16 LA ROUTE DE CHLIFA
Michèle Marineau

17 LES GRANDS SAPINS NE MEURENT PAS
Dominique Demers

18 LES YEUX BOUCHÉS
Nicole Labelle-Ruel

19 COPIE CARBONE
Charles Montpetit

Collection Clip

1 LA PREMIÈRE FOIS TOME 1
Collectif

2 LA PREMIÈRE FOIS TOME 2
Collectif

3 SANS QUEUE NI TÊTE
Jacques Pasquet

4 N'AJUSTEZ PAS VOS HALLUCINETTES
Jean-Pierre April

5 LE MARIAGE D'UNE PUCE
Mimi Barthelemy
en collaboration avec Cécile Gagnon

6 L'ESPRIT DE LA LUNE
Jacques Pasquet

7 L'HERBE QUI MURMURE
Cécile Gagnon

8 LE LAC DISPARU
Collectif

9 LA COULEUR NOUVELLE
Daniel Sernine

10 PAR CHEMINS INVENTÉS
Collectif

Cet ouvrage a été imprimé
sur un papier recyclé contenant
des fibres désencrées.

Achevé d'imprimer au Canada
Imprimerie Gagné Ltée
Louiseville